VOLTAIRE

La première édition de cet ouvrage a paru en 1955
dans la collection « Écrivains de toujours ».

Il a été repris en 1989 dans la collection « Points »,
dans une édition comportant une bibliographie augmentée et mise à jour.

Nouvelle édition revue, comportant une bibliographie mise à jour.

Couverture : Portrait de Voltaire par Quentin Latour.
Versailles, musée du château.
© Photo Hubert Josse.

ISBN 1re ÉDITION : 2-02-000028-8
ISBN 2e ÉDITION : 2-02-010390-7

ISBN : 2-02-022841-6

VOLTAIRE

René Pomeau
de l'Institut

Écrivains de toujours
SEUIL

Voltaire par Quentin de La Tour, 1736. Vivacité de cet homme de quarante-deux ans, à « l'insolence naturelle ». (Saint-Quentin, Musée Antoine Lecuyer.)

PRÉSENTATION

Voltaire atteignit l'âge des *Mémoires*. Certain jour de 1758, se sentant bien vieux, il appela son secrétaire et se mit à se souvenir :

> J'étais las de la vie oisive et turbulente de Paris, de la foule des petits-maîtres, des mauvais livres imprimés avec approbation et privilège du roi, des cabales des gens de lettres, des bassesses et du brigandage des misérables qui déshonoraient la littérature. Je trouvai, en 1733, une jeune dame... (I, 7[1]).

Ce début des *Mémoires pour servir à la vie de M. de Voltaire, écrits par lui-même,* promet : Voltaire va parler de ce qu'il a fait, senti, voulu... Promesse non tenue : après quelques détails sur Cirey, les *Mémoires* deviennent un pamphlet contre son ancien ami le roi de Prusse. L'année suivante, il reprend l'œuvre abandonnée. Il va retomber, dit-il, dans « le ridicule de parler de moi à moi-même ». Il jette un coup d'œil par sa fenêtre, d'où il voit la place où Calvin fit brûler Servet. Va-t-il nous entretenir de ses buts proches et lointains, de son grand dessein d'écraser l'infâme ? Déception, derechef : quelques mots sur les jésuites, les jansénistes, les persécutions contre l'*Encyclopédie,* pour conclure que les Français sont des insensés, et qu'il vaut mieux vivre tranquille, comme lui, dans un beau château. Puis il revient à Frédéric II, et aux négociations secrètes entre Potsdam et Versailles qui passent par ses mains.

1. Ces chiffres renvoient au tome et à la page de l'édition Moland des *Œuvres complètes de Voltaire,* éd. cit.

Après un début de confessions, Voltaire s'esquive et parle des autres. De son personnage, il ne découvre que la périphérie. Il se remit en 1776 à écrire sa propre biographie. Mais il imagine cette fois que c'est Wagnière qui parle. Le *Commentaire historique* est un *Voltaire raconté par un témoin de sa vie.* L'auteur sort de lui-même et dit sur lui-même ce que peut savoir un de ses familiers. La narration est parsemée de formules telles que : « il nous a dit plusieurs fois », « je le lui ai entendu dire à lui-même ». Voltaire se dispense ainsi de rien avouer de trop personnel. Et même on peut dire que les souvenirs de ses secrétaires, Longchamp, Collini, Wagnière, font mieux connaître sa vie privée que ses *Mémoires* et son *Commentaire historique.*

Il a écrit une comédie, *l'Envieux,* où il se met en scène, et Mme du Châtelet, et M. du Châtelet, et le Tout-Cirey. Mais ne cherchez pas là Voltaire. Cet *Envieux* est un pamphlet contre Desfontaines. Quand Voltaire parle de lui-même, c'est contre les autres. Voltaire « par lui-même » ? C'est une gageure. Si sa biographie est semée de taches d'ombre, il en est le premier responsable. « Mon cœur a toujours été tourné vers elle », dit-il de sa sœur, Mme Mignot (décembre 1722). Mais le cœur de Voltaire n'est pas bavard. Que sait-on de cette sœur aimée, qui l'a élevé ? Rien. En Angleterre Voltaire a connu Cavalier, l'ancien général des camisards, il a visité Berkeley, il a discuté avec Samuel Clarke. Nous le savons par les confidences qui lui ont échappé çà et là, au détour d'une phrase. On voudrait qu'il s'arrête à parler de ces rencontres, mais déjà il est passé à un autre sujet. Cette discrétion n'est pas de l'oubli. Voltaire ne parle pour ainsi dire jamais de son frère, le convulsionnaire. Et pourtant, on a la preuve qu'à distance il surveillait les faits et gestes d'Armand Arouet. Il conserva dans ses papiers un « recueil de convulsions » rédigé par Armand : c'est Wagnière qui nous l'apprend, non Voltaire. On rapporte qu'il garda longtemps dans son cabinet de travail un portrait du père Porée ; mais il n'a presque rien écrit sur son ancien

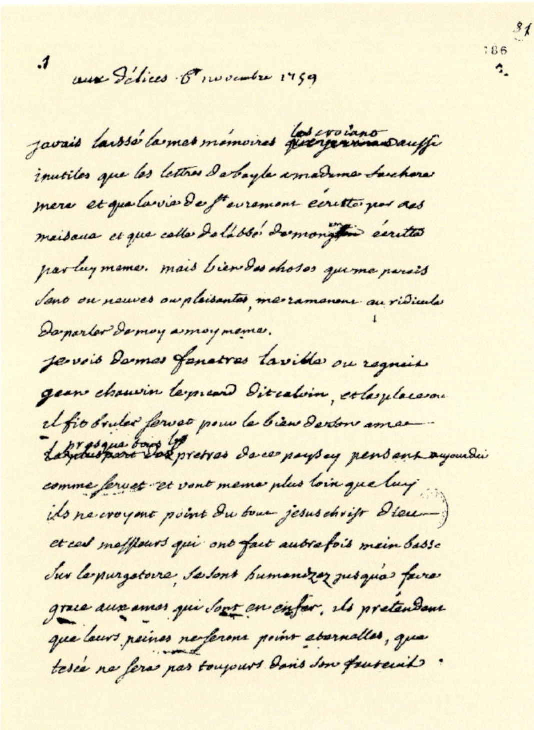

31
186
.1
aux Délices 6e novembre 1759

j'avais laissé la mes mémoires les croiant aussi
inutiles que les lettres de bayle a madame sa chere
mere et que la vie de St evremont écritte par des
maiseaux et que celle de l'abbé de mongon écritte
par luy meme. mais bien des choses qui me paraissent
sans ou neuves ou plaisantes, me ramenent au ridicule
de parler de moy a moy meme.
je vois de mes fenetres la ville ou regnait
jean chauvin le picard dit calvin, et la place ou
il fit bruler servet pour le bien de son ame —
presque tous les pretres de ces pays cy pensent aujourdui
comme servet et vont meme plus loin que luy
ils ne croyent point du tout jesus christ dieu
et ces messieurs qui ont fait autrefois main basse
sur le purgatoire, se sont humanizez jusqu'a faire
grace aux ames qui sont en enfer. ils pretendent
que leurs peines ne seront point eternelles, que
tesée ne sera pas toujours dans son fauteuil.

■ *Mémoires pour servir à la vie de M. de Voltaire*, commencés aux Délices, novembre 1759. Voltaire y règle ses comptes avec Frédéric II. Cet ouvrage sera publié dans l'édition posthume de Kehl. Frédéric II, encore vivant, l'accueillera avec indifférence. (Paris, Bibl. nat.)

maître dont il avait l'image sous les yeux. C'est Diderot, qui n'a peut-être pas été l'élève de ce jésuite, qui nous parle de son enseignement, ce n'est pas Voltaire. Voltaire n'oublie pas. Mais il tient sous clé les secrets de sa vie privée.

Le goût du temps l'exigeait ? Certes. La destination mondaine de l'œuvre littéraire empêchait qu'elle empruntât sa matière au moi. Mais au temps de Voltaire cette règle classique, comme les autres, perd de son autorité. Un marquis d'Argens a laissé des *Mémoires* où les détails les plus personnels abondent. Dans ses *Pensées*, Montesquieu note réflexions et impressions, et reconstitue, non sans complaisance, les paroles bien senties qu'il a prononcées. Voltaire, en revanche, est absent de ses *Carnets de notes* : ces recueils, qu'il tenait avec soin, sont des entrepôts de matériaux, pour la plupart historiques. Affaire de mode, cette pudeur du moi est aussi chez lui un mouvement spontané. Rousseau a des retours calvinistes sur lui-même : il s'examine et se trouve mauvais. Voltaire ne s'examine pas, et il se trouve bon. Et pourtant, comme Rousseau, Voltaire est assoiffé de réputation. S'il refuse de parler de lui-même, il veut que tous parlent de lui. Quelle prodigieuse vanité que la sienne ! Il est auteur dramatique, et il est acteur. Il quête doublement les applaudissements.

Voltaire a trouvé dans l'artifice théâtral le moyen de satisfaire les exigences contradictoires de la réclame et du secret. Il s'expose sous le déguisement. Non seulement il a dissimulé François Marie Arouet sous le nom de M. de Voltaire, mais souvent il cache ce pseudonyme sous un second : il devient le docteur Akakia, ou le docteur Obern. Craignait-il de s'avouer l'auteur d'œuvres compromettantes ? Il ne trompait personne. On reconnaissait immédiatement sa manière. C'était « le secret de la comédie » ; mais Voltaire continuait à la jouer, pour le plaisir. Il se dérobait par la facétie. Le public saisissait un fantoche, et Voltaire lui échappait. Ce grand acteur revêt aussi des travestis sérieux.

■ Lekain chez Voltaire. L'acteur rendit à Ferney de nombreuses visites. Ici, en costumes de ville, répétition de *Mahomet*, II, 6. Voltaire à gauche (Zopire) : « Penses-tu me tromper ? » Lekain à droite (Mahomet) : « Je n'en ai pas besoin. » (Genève, Bibl. publique et universitaire.)

■ Lekain, à droite, en costume de scène, porte le « tonnelet », armature qui, sous le vêtement, élargit la taille. Fesch Wisker, graveur, XVIIIe siècle. Scène de *Sémiramis*. (Paris, Bibl. de la Comédie française.)

Jusque dans des œuvres aussi sincères, aussi passionnées, que le *Sermon des cinquante* ou *l'Examen important*, il joue un personnage. Quand il débat les questions philosophiques, il préfère la forme du dialogue, dans lequel il confie à un interprète le soin de soutenir son opinion. Et il se couvre du masque tragique. À partir de *Zaïre*, il prévoit souvent dans ses tragédies un rôle pour lui. Tant de déguisements finissent par le trahir. L'acteur qui invente son personnage y met beaucoup du sien. Finalement, l'œuvre de Voltaire est la moins impersonnelle qui soit. Il a prodigué dans ses fictions les images de lui-même, et chacune retient une parcelle soit de Voltaire tel qu'il fut, soit de Voltaire tel qu'il voulait être.

Dans *Œdipe*, il n'y a pas encore de rôle pour l'auteur. Et le héros de *la Henriade* serait moins falot si Voltaire lui avait prêté davantage de lui-même. Ces premières œuvres sont inspirées par l'arrivisme littéraire. On attendait le successeur de Racine, on soupirait après un Virgile français. Voltaire se sent assez sûr de lui pour remplir à la fois ces deux emplois. Il applique les procédés de fabrication appris au collège. Le père Porée lui avait enseigné à refaire sur un autre sujet une tirade de

Cicéron ou de Virgile. Il a refait *l'Énéide* en choisissant comme événement la Ligue et comme héros Henri IV. Dans ces adroits trompe-l'œil, il a pourtant mis quelque chose de personnel. Son Œdipe est voltairien : accablé par les dieux, ce héros philosophe proteste de son innocence. Le chant de la Saint-Barthélemy a plus d'accent que les autres parties de *la Henriade*. D'après la tradition, ce morceau fut écrit d'inspiration ; il est sûr en tout cas que Voltaire, contrairement à ses habitudes, n'y changea presque rien par la suite. D'autres indices révèlent chez Voltaire jeune des ressources cachées de sérieux et de vigueur. Il a l'impiété non pas amusée mais passionnée. Ce badin, ce mondain, lit Malebranche et Locke.

C'est ce Voltaire de l'intérieur qui produit la première de ses œuvres qui ait résisté à l'épreuve du temps, *l'Histoire de Charles XII*. La grandeur du héros est évaluée ici d'après des critères qui ne sont ni moraux ni « philosophiques » : ce ravageur de provinces est une âme intrépide, comme les aimera Stendhal. Voltaire a réussi à incarner dans Charles XII cette chimère d'héroïsme qu'il poursuit en vain dans ses tragédies. L'histoire l'a aidé. Elle lui fournissait les détails et le rythme vital qu'il ne sait pas inventer dans ses actions tragiques. Il lui

Lekain, à droite, dans le rôle de Mahomet. L'acteur corrigeait sa petite taille par de hautes coiffures et par des attitudes imposantes. À gauche : Brisart. Fesch Wisker, XVIIIe siècle. (Paris, Bibl. de la Comédie française.)

■ Lekain dans le personnage du conquérant « tartare » Gengis-Khan *(l'Orphelin de la Chine)*, gravé par Lesvesque, 1765. (Paris, Bibl. nat.)

reste le mérite d'avoir animé cette matière. En se mettant dans son personnage ? Non pas, mais en lui transférant ce besoin de grandeur qui est en Voltaire.

Voltaire a joué ses premiers rôles dans *Zaïre* et dans les *Lettres philosophiques.* Encore jeune, il faisait pleurer et pleurait tout le premier en interprétant le vieux Lusignan. Lusignan dans la scène de « la croix de ma mère » restera son rôle préféré. Voilà qui étonne. Car ce Lusignan est un chevalier chrétien : « Mon Dieu ! j'ai combattu soixante ans pour ta gloire... » et un chevalier chrétien romantique, qui dit en paraissant : « Du séjour du trépas quelle voix me rappelle ? » Rien de moins voltairien que ce rôle préféré de Voltaire. Mais Voltaire aimera toujours ces emplois de vieillards nobles, habillés de grands malheurs et de grands sentiments. Ce goût annonce peut-être, dès 1732, sa vocation de patriarche. Il peint ses personnages tels qu'il voudrait être, tels qu'il est un peu.

Du vieux chevalier au jeune seigneur français qui fait la révérence devant un quaker, le contraste est fort. C'est encore un rôle que se donne Voltaire dans les *Lettres philosophiques*, celui du voyageur philosophe. Le je de ces *Lettres* fictives est un je transposé. Transposée aussi, l'amertume qui les inspire. Quel pauvre pays que la France, engoncée dans ses abus, ses superstitions, ses misères, en comparaison d'une Angleterre active, où les hommes ont du caractère et osent penser. Voltaire débute dans son rôle de philosophe. Esprit net et coupant, ses ironies fouaillent la mollesse des sots. Il n'a pas fini de faire crier.

On suit les transformations de ce personnage du philosophe, des *Lettres philosophiques* à *Candide*. Vers 1740, en ébauchant *Micromégas*, Voltaire inaugure une nouvelle forme de fiction, le conte. Cet habitant de Sirius, qui vole à travers les espaces sidéraux et découvre l'homme à l'aide d'une loupe, c'est Voltaire à Cirey. Depuis des années, il étudiait Newton et l'histoire universelle. Dans ces longues perspectives, les petits hommes gonflés de vent paraissent bien comiques. Seules la géométrie et son annexe l'astronomie sauvent l'être humain d'un ridicule complet : « Ces atomes sont géomètres ! » Micromégas est une version fantastique, mais plus étoffée,

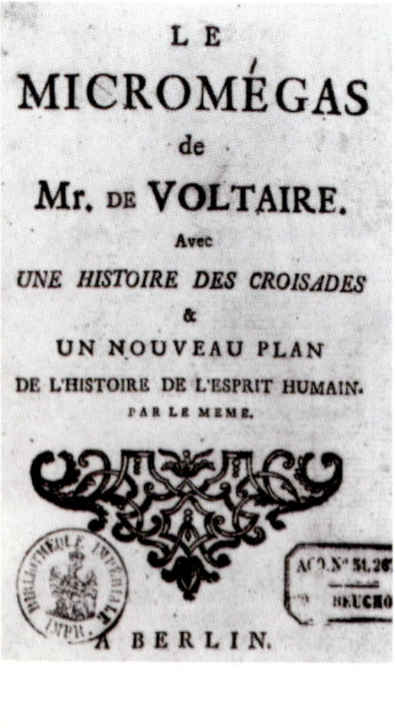
LE
MICROMÉGAS
de
Mr. DE VOLTAIRE.
Avec
UNE HISTOIRE DES CROISADES
&
UN NOUVEAU PLAN
DE L'HISTOIRE DE L'ESPRIT HUMAIN.
PAR LE MEME.

A BERLIN.

■ L'une des premières éditions de *Micromégas*, 1753, in-8°. (Paris, Bibl. nat.)

■ *Ci-contre :* L'habitant de Sirius (taille : 39 kilomètres) recueille sur la côte de la mer Baltique l'expédition scientifique de Maupertuis. Derrière : le « nain de Saturne » (taille : 2 kilomètres). *Micromégas*, 1778, in-8°. (Paris, Bibl. nat.)

du philosophe des *Lettres philosophiques.* Ce même rôle est repris dans *Zadig.* Le Babylonien Zadig est un Voltaire qui vient de fréquenter les cours, qui a espéré – qui sait ? – devenir ministre, qui est tombé en disgrâce, et dont la philosophie traverse une crise. Zadig est le Voltaire vieilli de la fin de la période de Cirey. Un ange lui explique qu'il a tort de se plaindre, mais il n'est pas convaincu. S'il osait, il se révolterait contre la Providence : les femmes sont infidèles, les courtisans perfides, et la vie bien courte. Mais ces choses-là ont du bon aussi. Babouc, frère de Zadig, ne prononce pas l'arrêt qui anéantirait Persépolis. Puisque Zadig devient

■ Zadig oppose ses « mais » aux explications « leibniziennes » de l'ange Jesrad. *Zadig*, 1778, in-8°. (Paris, Bibl. nat.)

roi, et qu'il épouse Astarté, tout ne finit-il pas par s'arranger ? Non point, car Voltaire essuie malheur sur malheur. Mme du Châtelet meurt d'une mort ridicule et tragique. Frédéric II, le prétendu Marc-Aurèle, se révèle un Denys le Tyran. Il faut s'enfuir bien vite : Leipzig, Gotha, Francfort, triste lieu, Strasbourg, Colmar, Plombières, le philosophe errant ne sait plus où aller. À Lyon, un cardinal lui répond qu'il ne peut pas offrir à dîner à un homme aussi mal en cour. Voltaire se console en écrivant l'*Histoire des voyages de Scarmentado.* Scarmentado, voyageur amer, eut beaucoup à se plaindre des hommes. Il faillit être empoisonné à Rome, empalé à Constantinople, égorgé par Aureng-Zeb... Pour finir, il fut seulement cocu, et « vit que c'était l'état le plus doux de la vie » : c'est la sagesse que Mme Denis enseigne à Voltaire.

Candide reprend des mains de Scarmentado la besace du voyageur philosophe. En Allemand méthodique, il épuise le catalogue des misères humaines. On l'a dit, *Candide,* ce sont les *Confessions* de Voltaire, *Confessions* transposées dans le registre de la fiction ironique, les seules que Voltaire pût livrer au public. Comme Voltaire, Candide avait cru, « naïvement », que tout était pour le mieux dans le meilleur des mondes. Comme Voltaire, il dut bientôt déchanter. Voltaire et Candide ont le mérite, si rare, de se rendre à l'évidence des faits. Leur sagesse terre à terre se contente de peu : Mlle Cunégonde est devenue bien laide, et Mme Denis bien grosse, on se chicane ferme à Constantinople comme à Genève ou à Paris, mais c'est une bien belle chose que de « cultiver son jardin ». Avec *Candide,* le philosophe voyageur s'installe. On ne retrouvera plus ce rôle de Voltaire dans les contes qui suivront (l'Amazan de *la Princesse de Babylone,* voyageur amoureux, ne s'intéressera guère à la « philosophie »)... Désormais, le jardinier de Ferney, engagé dans la grande bataille philosophique, se produit sous d'autres masques.

Masques nobles de la tragédie, plus que jamais. Voltaire joue l'Hiérophante, dans *Olympie;* il joue Sozame, vieillard « naturel et attendrissant » des *Scythes,* le Guèbre Arzémon, « agriculteur retiré près de la ville d'Apamée », le Crétois Azémon des *Lois de Minos :* tous patriarches augustes comme leur créateur et interprète. Celui-ci apparaissait dans ce même rôle à Ferney, les jours de gala, quand il endossait son antique habit à la française et coiffait sa perruque à trois marteaux : « Avec cela, disait-il, on a l'air noble. » Dans l'armoire aux bons vieillards, décrochons encore la défroque du « Papa Charisteski » qui servit à prononcer un sermon sur les affaires de Pologne, « en l'église de Sainte-Toleranski ». Avec Voltaire, le sérieux prend toujours une allure assez bouffonne; mais il est rare qu'un peu de sérieux ne se mêle pas à ses bouffonneries.

Voltaire prétend à l'érudition, comme il aspire à la respectabilité. Il adore se déguiser en savant ecclésiastique. *La Philosophie de l'histoire* est due, comme on sait, à la plume de l'abbé Bazin; la *Défense* de cette *Philosophie* fut écrite par le neveu de cet abbé. Nous sommes redevables à un « bachelier en théologie » du *Pyrrhonisme de l'histoire*, à un « bénédictin » des *Lettres chinoises*, à « l'abbé B... » de la *Collection d'anciens évangiles.* Ce fut le « corps des pasteurs du Gévaudan » qui adressa des *Remontrances à A.J. Rustan,* et « une société de bacheliers en théologie » qui donna des *Conseils raisonnables à M. Bergier pour la défense du christianisme.* Ce fut l'escouade des aumôniers de S.M. le roi de Prusse qui peina à « expliquer », *enfin*, la Bible. Frère Pediculoso partant pour la Terre sainte reçoit les *Instructions* du gardien des capucins de Raguse. Le sieur Tamponnet, docteur en théologie, a traduit les *Questions* du licencié Zapata, et dom Calmet *le Taureau blanc. L'Ingénu* est « tiré des manuscrits du père Quesnel »; *Tout en Dieu* est l'œuvre de l'abbé de Tilladet. Quant au R.P. L'Escarbotier, c'est un naturaliste; comme son nom l'indique, il écrit sur les *Colimaçons.* Voltaire parodie les travers de la science ecclésiastique de son temps, oiseuse et sans critique. Mais rappelons-nous qu'il a passé tout un mois dans le couvent de dom Calmet. L'érudition immense de ce bénédictin le fascine. Ah! s'il disposait, pour ses combats, lui qui ne sait pas même le grec, de tant de belles connaissances déposées dans cette bibliothèque et dans cette tête !

Le Voltaire philosophe, après *Candide*, devient légion. Pour combattre l'athéisme, il est le pasteur Bourn, ou l'ami Freind, « docteur en théologie, membre du Parlement et de la Société royale », pour combattre le christianisme, il est M. Hut, M. Hume, ou lord Bolingbroke. Pour discuter les grandes questions de métaphysique et de morale, il enfile la robe antique de Posidonios, d'Épictète ou de Soranus,

■ Tabatière, à l'effigie de Voltaire. (Institut et musée Voltaire, Genève.)

« médecin de Trajan »... On n'en finirait pas d'énumérer les travestis de Voltaire. Il est Jérôme Carré, Antoine Vadé, le rabbin Akib, le comte Da..., Josias Rossette. À quatre-vingts ans, il produit ses dernières tragédies sous le masque d'un « jeune ex-jésuite », ou d'un débutant frais émoulu d'une classe de rhétorique. C'est presque la vérité : il a conservé, après cinquante années d'exercice, l'enthousiasme dramatique de sa première tragédie, et ses dernières productions continuent de sentir le collège.

La vie de Voltaire donne le vertige. Dans cette « ample comédie », où est la sincérité du personnage ? Parmi ces cent rôles divers, où s'arrête la feinte ?

Disons d'abord qu'il y a dans cette existence une ligne de vie. Voltaire a marché un peu dans toutes les directions, mais il a avancé dans une seule.

Il débutait en littérateur classique qui cherche à Versailles applaudissements et protection. Il flatta le Régent, puis la jeune reine Marie Leszczynska ; il reçut, en retour, des pensions. Mais cette entreprise de poète-courtisan et toutes celles qui suivront finiront par échouer. Ses productions pseudo-classiques sont plus subversives qu'il ne croit. Il n'avait pu obtenir pour sa *Ligue* approbation et privilège, ni même la permission tacite. Une inspiration généreuse, dans cette œuvre de jeunesse, l'engage dans sa vraie voie d'opposant. Dès le début, il déteste ces âmes de ligueurs où fermente une passion noire, cruelle, absurde. Déjà il se pose comme l'homme de la grande émancipation. Les coups de bâton du chevalier de Rohan le remettent sur la bonne route : il perdait son temps à faire des courbettes à Fontainebleau ; il est mieux à sa place, en exil, à Wandsworth, village de quakers et de réfugiés huguenots.

Il n'a pas pourtant renoncé à ses ambitions de poète-lauréat. D'ailleurs, y renoncera-t-il jamais ? En 1727, il s'introduit à la cour d'Angleterre. Il travaille à remonter par les hauts lieux de Londres à ceux de Versailles. *La Henriade* paraît enfin dans une édition dédiée à la reine Caroline. Dans sa conception première, l'œuvre était

■ Le cardinal de Fleury (1653-1749), au moment où il gouvernait la France. Portrait par Hyacinthe Rigaud. (Versailles, musée du château.)

déjà marquée d'anglophilie. Henri IV allait demander à l'Angleterre protestante des renforts contre la Ligue soutenue par l'Espagne. Or, en 1719, le Régent, à qui reviendrait la couronne si le jeune Louis XV mourait, s'appuyait sur l'Angleterre pour résister aux prétentions du roi d'Espagne, petit-fils de Louis XIV. Voltaire faisait alors des offres de service au cardinal Dubois, chef de la diplomatie française ; il fréquentait l'ambassade anglaise. Attitude « progressiste », puisque le parti espagnol, contre un Régent libéral et libertin, était celui d'une monarchie absolutiste et dévote. L'édition de Londres de 1728 présentait à nouveau Voltaire comme le poète de « l'entente cordiale ». La liste des souscripteurs réunissait, autour de Robert Walpole, le personnel politique whig et les représentants diplomatiques des puissances protestantes. Voltaire espérait-il, grâce à ces appuis, gagner la faveur de Fleury, qui pratiquait une politique anglophile ? Cette partie de sa vie est mal connue, mais il semble qu'à Londres non plus qu'à Versailles il ne réussit à se hisser aux honneurs officiels. Il quitta l'Angleterre brouillé avec son protecteur lord Peterborough : il ne conserva pas de liaison avec les milieux politiques anglais.

Mais il remportait de ces années d'exil les leçons de la vie et de la pensée anglaises. Désormais il a acquis, définitivement, la réputation d'un mauvais patriote, parce qu'il prétend insuffler à la tragédie, à la pensée, au caractère des Français un peu de l'énergie de la nation anglaise, ennemie héréditaire. L'erreur de Voltaire est de croire que l'on peut transformer les hommes sans qu'ils s'en plaignent. Il ne connaît pas encore la force corrosive de son style. Il ne s'attendait pas aux tempêtes que déchaînèrent *le Temple du goût* et *le Mondain*. Il se flattait que les *Lettres philosophiques* obtiendraient au moins l'autorisation tacite. Mais ces *Lettres* furent le premier de ses livres que brûla le bourreau, sur les marches du Palais. Voltaire n'était pas encore accoutumé à cette cérémonie ; elle lui fit impression. Elle le classait au nombre des auteurs suspects. Il aura beau faire par la suite, il ne réussira jamais à recouvrer l'innocence de l'auteur bien-pensant, qui respecte le roi, le Premier ministre, l'Église, le lieutenant de police et tout ce qui tient à quelqu'un ou à quelque chose.

Le signe de sa réprobation, c'est que la capitale, après l'alerte de 1734, n'est plus pour lui un séjour sûr. Ce Parisien a cessé de vivre, de façon continue, à Paris. Voltaire s'installe, à Cirey, dans une situation qui annonce Ferney. Il travaille beaucoup pour se donner la culture philosophique, historique, scientifique qui lui

■ Voltaire avait commencé à rédiger ses *Lettres philosophiques* en anglais. Puis il en reprit la rédaction en français. Le texte anglais n'est donc pas une traduction. Le manuscrit anglais, maladroitement complété par un collaborateur, parut à Londres en 1733 avant l'édition française (1734). (Paris, Bibl. nat.)

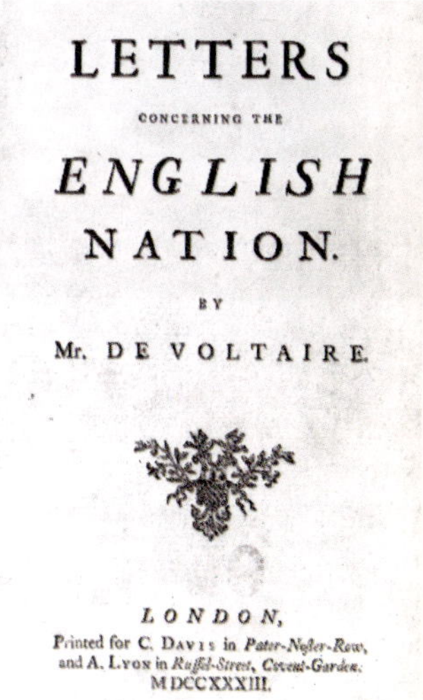
LETTERS

CONCERNING THE

ENGLISH

NATION.

BY

Mr. DE VOLTAIRE.

LONDON,

Printed for C. DAVIS in *Pater-Noster-Row*, and A. LYON in *Russel-Street, Covent-Garden*.

MDCCXXXIII.

manque. Il s'accoutume à passer son temps à écrire, rendant la vie insupportable à son entourage. Cirey cependant n'est pas encore Ferney. Il faut être sage, Mme du Châtelet le veut. Pour continuer à vivre en France auprès de cette femme « divine », Voltaire doit ménager les autorités. Le *Traité de métaphysique, la Pucelle*, les commentaires sur la Bible, sont tenus sous clé. Voltaire risque les premiers chapitres du *Siècle de*

■ Cirey-sur-Blaise, vue aérienne.

Louis XIV; mais comme le cardinal Fleury juge offensante cette apologie d'un roi qui ne prit pas un prince de l'Église pour Premier ministre, Voltaire n'insiste pas. La publication du *Siècle de Louis XIV* est ajournée *sine die*.

Et puis la vocation philosophique de Voltaire n'est pas encore bien affirmée. En 1739, il se lasse des studieux loisirs de Cirey. Il se met à courir les routes, en compagnie de Mme du Châtelet qui a un procès à Bruxelles. Pour une dizaine d'années, Voltaire oublie ses visées philosophiques. Il se fait confier des missions diplomatiques auprès de son ami le roi de Prusse. Protégé par le marquis d'Argenson et par Mme de Pompadour, il

■ Madame du Châtelet, par Marianne Loir. (Bordeaux, musée des Beaux-Arts.)

exerce les fonctions de poète officiel qui lui avaient échappé jadis. Il fournit une *Princesse de Navarre* pour le mariage du Dauphin, un *Poème de Fontenoy*, un *Temple de la Gloire*. Il reçoit des lettres et des médailles du pape. Il est nommé historiographe de France, académicien, gentilhomme ordinaire de la chambre du roi. Ce dernier titre le remplit de fierté : il s'acquitte gravement de son tour de service ; il réunit des notes sur les origines, fonctions et prérogatives des « gentilshommes ordinaires ». Il vient de gagner gros dans les fournitures aux armées. Bref, il est un homme arrivé. Depuis *Mérope*, qui fut un triomphe, il n'écrit plus guère. Il ne lui reste plus qu'à jouir et à mourir.

La carrière de Hugo sera, au siècle suivant, curieusement parallèle à celle de Voltaire. Le pair de France s'oubliera dans les honneurs, comme le « gentilhomme ordinaire ». Que serait Hugo, s'il était mort en 1848? Si Voltaire avait disparu vers 1748, il ferait dans la littérature française à peu près la figure d'un Fontenelle. Les grands écrivains de la première moitié du siècle seraient Montesquieu, Marivaux, peut-être l'abbé Prévost. Ou bien imaginons un Voltaire vieillissant sous la coupe de Mme du Châtelet, qui n'eût autorisé que des audaces feutrées... Décidément Zadig-Voltaire avait tort d'accuser la Providence. Elle lui rendit en 1749 les plus grands services. La mort cruelle de Mme du Châtelet le délivre. Le délivre aussi l'échec de ses pièces nouvelles : *Sémiramis, Nanine, Oreste*. Voltaire a beau remplir la salle d'admirateurs à gages, les sifflets fusent, ses « travailleurs » les plus consciencieux n'applaudissent qu'en bâillant. L'hostilité de son public le décide à céder enfin aux invites de Frédéric II. Il quitte Paris, et n'y reviendra que vingt-huit ans plus tard, pour y mourir en triomphe.

TROISIEME ACTE.

Le Théâtre représente l'avenue & le frontispice du TEMPLE DE LA GLOIRE *: Le Trône que la Gloire a préparé pour celui qu'elle doit nommer le plus grand des hommes, est vû dans l'arrière Théâtre : Il est soutenu par des Vertus, et l'on y monte par plusieurs degrés.*

LE GRAND PRESTRE DE LA GLOIRE, *couronné de Lauriers, une Palme à la main; entouré des Prêtres & des Prêtresses de la Gloire.*

UNE PRETRESSE.

GLOIRE enchanteresse,
Superbe maîtresse
Des Rois, des Vainqueurs;
L'ardente jeunesse,
La froide vieillesse
Briguent tes faveurs.

LE CHŒUR.

Gloire enchanteresse, &c.

■ *Le Temple de la Gloire*, opéra de Voltaire, joué à Versailles (27 novembre 1745) pour célébrer les victoires de Louis XV (Trajan, dans l'opéra). À l'issue de la première, Voltaire demande au roi : « Trajan est-il content ? » (Paris, Bibl. nat.)

À Potsdam, Voltaire porte au dos la clé dorée de chambellan. Il corrige les vers de Sa Majesté. Mais il voudrait exercer dans l'ombre des fonctions plus importantes. Sa haine contre la religion s'est secrètement exacerbée au cours des années qui viennent de s'écouler; il a déjà rédigé, sans doute, le *Sermon des cinquante*. Son disciple ne lui avait-il pas promis, jadis, qu'il userait de son pouvoir pour détruire l'infâme? Voltaire vient prier Frédéric II d'acquitter les engagements du prince royal. Autour du roi philosophe, une équipe d'incroyants militants se met à la tâche; on commence un dictionnaire qui sera plus agressif que *l'Encyclopédie* de Diderot. Mais Voltaire s'est toujours fait des illusions sur les sentiments que nourrissent les gens de lettres pour leurs semblables. Les indévots de Potsdam, tous littérateurs comme Sa Majesté elle-même, se détestent cordialement. Le roi jouit de leurs querelles. Frédéric II, esprit supérieur gâté par un fonds de perversité,

Frédéric II, roi de Prusse, portrait « officiel », par Antoine Pesne. (Bayreuth, Eremitage.)

est jaloux des talents de Voltaire. Il l'admire et il le tourmente ; Voltaire n'avait pas prévu qu'il était venu auprès de son royal ami pour supporter ses brimades.

Évadé de Prusse, rescapé de Francfort, Voltaire, en 1753, est sur le point d'être écrasé. Le rétablissement qu'il réussit à Genève tient du prodige. Il était pour lui inespéré de gagner un refuge, sans être obligé de le payer au prix d'un renoncement. Bien au contraire : Genève, où dominait le calvinisme libéral des disciples de Turretin, Genève, asile des huguenots persécutés en

■ Le château de Sans-Souci à Potsdam, où Voltaire, en principe, avait sa chambre. Gravure de F.S. Knüpfer, 1788. (Paris, Bibl. nat.)

France, accueillit Voltaire comme le philosophe qui, depuis *la Henriade*, s'était prononcé avec éclat pour la tolérance. Les imprudents ne connaissaient pas bien leur homme. Voltaire, de son côté, se leurre quand il escompte que les pasteurs et le patriciat bourgeois travailleront sous lui à la réalisation du grand œuvre. Les Délices ne sont pas encore le havre définitif. Après l'affaire de l'article *Genève*, Voltaire prend ses distances en s'installant à Ferney. Le voilà enfin dans une position qui se révélera inexpugnable, à l'abri de toutes les polices, et à portée des presses, mal surveillées, de Genève.

Il était temps. Vers 1760, les désastres de la guerre de Sept Ans ont ébranlé définitivement l'Ancien Régime. Le peuple n'aime plus son roi, ne respecte plus les nobles. On vient de retirer à la société française un de ses piliers, la Compagnie de Jésus. En sa place, loges maçonniques et cercles philosophiques prolifèrent. C'est alors que Voltaire lance sa grande attaque, soutenu par tout le clan encyclopédique. L'entreprise voltairienne n'est pas essentiellement politique, bien qu'elle ait des conséquences politiques. Voltaire est assez indifférent aux problèmes d'institutions. Idéaliste, il veut changer « l'esprit des hommes ». Lancer dans l'action, à la poursuite du bonheur, des intelligences lucides, munies du bagage tout juste suffisant d'une religion rationnelle, mais allégées du poids des croyances traditionnelles et affranchies du contrôle ecclésiastique, tel est le dessein de Voltaire. Il prépare une « révolution dans les esprits », la plume à la main. Il submerge les défenses par sa production et celle de son parti. La censure de la librairie, le droit de regard de la théologie sur la réflexion philosophique subsistent, mais leur inefficacité est quotidiennement démontrée. Après 1760, la liberté de la presse et la liberté de pensée ont cause gagnée.

C'est vers ce temps que s'établit ce libéralisme intellectuel qui, depuis, n'a pas cessé d'être considéré en France comme la seule atmosphère où l'esprit puisse respirer.

Voltaire contribua beaucoup à ce résultat. Journaliste-né, il a mis au point la technique des « affaires ». Du procès Calas il a fait « l'affaire Calas » : à propos d'un cas particulier, il impose à l'opinion publique, par un grand effort polémique, la reconnaissance d'un principe. En 1762, les protestants français restaient passibles des lois de terreur édictées en 1685. De malheureux huguenots expiaient aux galères le crime d'avoir entendu le prêche « au désert ». Quelques semaines avant Calas, le pasteur Rochette avait été exécuté, conformément à la loi, parce qu'il avait exercé son ministère. Après l'affaire Calas, cette législation, sans être abrogée, cesse d'être appliquée. Après l'affaire Calas, la tolérance devient l'un de ces principes que seuls contestent les esprits bizarres ou fanatiques. De là, date l'immense popularité de Voltaire. Les ovations de la foule parisienne, le 30 mars 1778, s'adressaient principalement au « défenseur de Calas ». Il est, ce jour-là, ce que sera, un siècle plus tard, le vieil Hugo, le symbole des espérances de tout un peuple. Et, parce que l'esprit des hommes change moins vite que Voltaire ne croyait, son culte s'exprime dans des gestes

« La malheureuse famille Calas », gravure d'après Carmontelle. Dernier acte de l'affaire : Mme Calas et ses co-accusés ont réintégré pour la forme la prison. À gauche, Pierre Calas et Gaubert Lavaysse lisent l'arrêt de réhabilitation. À droite, debout, la servante Jeanne Viguière ; assise, Mme Calas ; à ses côtés, ses deux filles. (Paris, Bibl. nat.)

naïvement superstitieux : on embrasse les chevaux qui traînent son carrosse, les plus heureux arrachent des poils de son manteau en peau d'ours, cadeau de Catherine II. Dans la République française des lettres, Voltaire fondait un principat du grand écrivain « éclairé » : charge assumée, après les patriarches Voltaire et Hugo, par Zola, Anatole France, Romain Rolland... Voltaire, conjointement avec son ennemi Jean-Jacques, a habitué les Français à attendre du génie littéraire autre chose que des divertissements : une direction de conscience.

Mais à cette « mission » qu'il créa, Voltaire était-il appelé par une vocation irrésistible ? La postérité, qui n'y regarde pas de trop près, a sans doute raison de le considérer avant tout comme l'homme du progrès. Nous l'avons vu, dès sa jeunesse, animé d'aspirations généreuses. Mais il ne fut pas un initiateur du mouvement philosophique. Dans les années qui suivent la Régence, il ne fréquente guère l'hôtel de Lambert, où Fontenelle donne le ton. On ne le rencontre pas dans les parlotes, beaucoup plus hardies, qui se tiennent au Procope, chez le comte de Plélo, ou chez Mme Doublet. Débutant dans les lettres à peu près en même temps que Montesquieu, il est devancé par ce président à mortier provincial : les *Lettres persanes* sont, par l'esprit comme par la forme, singulièrement plus modernes que les versifications contemporaines de Voltaire. L'auteur d'*Œdipe* ne rattrapera vraiment son retard qu'au bout de treize années, avec les *Lettres philosophiques*. Cela, Voltaire ne le pardonnera jamais à Montesquieu. Constatons aussi qu'il avait largement dépassé la soixantaine quand il se fit le « Don Quichotte des malheureux » et l'« apôtre de la tolérance ». Vocation tardive, donc, qui oblige à poser la question : qu'est-ce qui l'engagea dans cette voie ? Il est naïf de penser que la séduction que devraient naturellement exercer la vérité et le bien est une explication suffisante. Quand l'homme serait parfaitement désintéressé (ce qui ne fut pas le cas de Voltaire), il aurait toujours à découvrir où est le bien et ce que commande la raison.

■ Le 30 mars 1778, Voltaire assiste à la sixième représentation de sa tragédie *Irène*. Ovationné, couronné d'abord dans sa loge (en haut, à gauche); après la représentation, son buste est couronné sur la scène par la troupe des Comédiens Français. Gravure d'après Moreau le Jeune. (Paris, Bibl. nat.)

Voltaire
Arpenteur

■ Plan de Ferney-Voltaire, établi en 1784 par l'arpenteur J.B. Semane. (Paris, Bibl. nat.)

■ Le château de Ferney, côté jardin. De ce côté, donnent le salon, la chambre de Voltaire, sa bibliothèque. À l'horizon, la chaîne des Alpes. (Paris, Bibl. nat.)

Voltaire a subi incontestablement la pesée des événements. Il fut un peu Voltaire malgré lui. Il n'y avait plus de place pour un nouveau Racine dans le Versailles de Louis XV. « Trajan est-il content ? » demande Voltaire ; mais le faux Trajan tourne le dos à son poète. Le Bien-Aimé n'aime pas les gens de lettres, et l'esprit, surtout celui de Voltaire, le met à la gêne. Son successeur Louis XVI, dernier monarque versaillais, ne sut ni empêcher l'apothéose parisienne de Voltaire, ni faire le geste de patronage royal qui eût été dans la tradition du Grand Siècle. Le « pauvre homme », embarrassé de son personnage, feignit d'ignorer que l'opinion fêtait son vrai souverain. Voltaire s'était rabattu sur les puissances étrangères. Il faut voir avec quelle bonne volonté il cherche en Russie un grand monarque à admirer. Il arrivait trop tard pour célébrer Pierre le Grand vivant ; il entreprit, faute de mieux, le panégyrique de sa fille, la tsarine Élisabeth : sujet ingrat. Enfin il rencontre, avec Catherine II, le grand souverain qu'il lui fallait. Voltaire était tout prêt à chanter, en prose et en vers, la gloire monarchique. Ce n'est pas sa faute si, en France, son zèle ne trouva pas matière à s'exercer.

Il prit donc l'air du temps. Il dit quelque part qu'il fut « Anglais en Angleterre et Allemand en Allemagne » ; il parle de sa « peau de caméléon ». Son goût délicat sait prendre, en effet, la nuance qui s'assortit à la couleur du jour. En 1723, nous l'avons vu livrer à un public de formation toute classique un « à la manière de » Virgile. En 1732, il crée, à l'usage des admirateurs de *Manon Lescaut*, sa tendre Zaïre ; mais en 1764, aux Français qui viennent d'expulser les jésuites, il offre le *Dictionnaire philosophique*. À la différence de Rousseau, Voltaire évite de heurter de front l'opinion dominante. Il fut philosophe par la pratique d'un art assez féminin de plaire – cet art de se plier à la fantaisie de chacun, où Voltaire épistolier est passé maître.

Ce mimétisme, toutefois, n'explique pas tout. On fait tort à Voltaire quand on ne voit en son œuvre que le point de rencontre des influences du temps. Pourquoi lança-t-il l'affaire Calas ? Parce que, dira-t-on, il subissait la contagion du milieu genevois. Et c'est vrai. Il céda aux instances de la famille Tronchin, et d'autres visiteurs tels que Cathala, Végobre, Debrus... Donat, puis Pierre Calas, fils du supplicié, vinrent pleurer à Ferney. Voltaire (qui, ne l'oublions pas, a donné dans le genre de la comédie larmoyante) a toujours été ému par le spectacle de l'innocence opprimée. Mais ici précisément intervient le facteur personnel. Il y avait, dans le procès Calas, des circonstances propres à ébranler fortement les nerfs du patriarche. Jean Calas avait agonisé deux heures sur la roue, bras et jambes brisés. L'aumônier, un moine, avait essayé d'obtenir l'aveu qui eût rassuré la conscience des juges. Auparavant, la confrérie des Pénitents blancs avait défilé, sous la cagoule ; on avait, au cours d'une cérémonie à la mémoire du fils Calas, dressé sur le catafalque un squelette, loué chez un barbier, pour figurer le martyr

■ Catherine II (1729-1796) devint impératrice de Russie en 1762 (elle renversa son mari le tsar Pierre III, qu'elle fit assassiner). Soucieuse de sa réputation européenne, elle entretint une correspondance abondante avec Voltaire, chaud partisan de sa politique. (Versailles, musée du château.)

supposé. À ces détails, que son imagination noircit encore, Voltaire s'emporte. Cette fougue avec laquelle il a poursuivi l'affaire, elle n'appartient qu'à lui. Les gens raisonnables, le maréchal de Richelieu, le cardinal de Bernis, le président de Brosses, lui conseillaient de se désintéresser d'un obscur huguenot toulousain. Tout récemment, Rousseau, sollicité par le protestant Ribaute d'intervenir en faveur du malheureux pasteur Rochette, s'était dérobé. Mais Voltaire, bouillant d'indignation, se jette dans la lutte. L'ardeur virulente et, par endroits, l'enthousiasme du *Traité sur la tolérance* ne furent pas allumés par le banquier Cathala ou le négociant Debrus. Ne disons pas qu'il subit des influences, mais qu'elles retentissent en lui. Comme tout homme, Voltaire s'est formé au contact des circonstances. À l'épreuve, ses prédispositions latentes se sont manifestées, déterminant les choix de son existence, se renforçant, et finissant par devenir absolument inaccessibles aux démentis de l'expérience.

■ Voltaire dans le dernier été qu'il passa à Ferney (septembre 1777), par Huber.

Quelles étaient ces prédispositions? Voltaire pourrait donner des tentations à une critique psychanalytique. Son imagination a un côté morbide. Il voit – irrésistiblement – dans le prêtre, « l'homme noir », méchant et, à la limite, sanguinaire. Le thème, frénétique et absurde, du prêtre au poignard se retrouve d'un bout à l'autre de son œuvre, de *la Henriade* aux *Lois de Minos*. Voltaire a un sens maladif du fanatisme, comme Flaubert du « grotesque triste ». À Ferney, il avait la fièvre, tous les ans, à l'anniversaire de la Saint-Barthélemy. Il l'a dit lui-même, plusieurs fois, et un témoin l'a confirmé : à l'approche du 24 août, Voltaire tombait dans la prostration et s'alitait. Faut-il psychanalyser ces symptômes? Faut-il rappeler que Voltaire, privé tout jeune de sa mère, souffrit de la dureté de son père et de son frère aîné, ardents jansénistes? Il a répété qu'il n'était pas le fils de François Arouet, mais du chansonnier Rochebrune. Avait-il des preuves sérieuses de sa bâtardise? Ou bien doit-on interpréter cette croyance

■ Théodore Tronchin, de la grande famille genevoise des Tronchin : médecin de réputation européenne, en qui Voltaire avait la plus grande confiance, mais qui estimait peu son malade. (Genève, Bibl. publique et universitaire.)

comme la manifestation d'un complexe œdipien ? Mais ne pourrait-on pas, aussi bien, situer le « traumatisme » supposé au cours des années de collège, et en faire porter la responsabilité aux pères jésuites de Louis-le-Grand ? Sur tout cela, incertitude entière. L'enfance et la jeunesse de Voltaire sont trop mal connues : il semble prudent de ne pas succomber à la tentation psychanalytique, si séduisante soit-elle.

On a expliqué Voltaire par son caractère, avant même que la caractérologie fût inventée. On lit la première analyse de ce caractère dans un portrait contemporain des *Lettres philosophiques*. Tout s'éclaire-t-il aujourd'hui, dès que l'on sait que le squelettique Voltaire fut ce que la terminologie de Heymans et Wierzma appelle un

« sanguin »? Mais les fondateurs de l'école hollandaise avaient certainement commis une erreur de diagnostic. Gaston Berger, qui l'a rectifiée, range Voltaire dans la catégorie des « colériques secs ». Heymans et Wierzma refusaient à Voltaire l'« émotivité » ; Gaston Berger, avec raison, lui reconnaît un caractère intensément émotif. Ce débat a son importance. Il est bien évident que Voltaire ne fut ni un tendre ni un sentimental. Mais combien diffère-t-il aussi des tempéraments froids! Il a toujours protesté contre ceux qui le comparaient à un Fontenelle, incapable de se passionner pour rien. Ses pétulances, traversées de terreurs paniques, lui valurent le mépris poli de son médecin, le calme, le méthodique Théodore Tronchin. Voltaire vit dans l'instant. Il est de ceux que la caractérologie nomme « primaires » (encore qu'il soit capable de longs ressentiments que la science du caractère semble refuser aux « primaires »). Ses réactions

■ Voltaire jouant aux échecs avec le P. Adam (ex-jésuite qu'il a recueilli à Ferney). Huber, peinture à l'huile. (Saint-Pétersbourg, musée de l'Ermitage.)

émotives ne s'étalent pas dans le temps, mais explosent dès que l'incitation extérieure l'a atteint. Vient-il à apprendre, aux Délices, que sa *Pucelle* est imprimée ? Il tombe, dit François Tronchin, dans « une frayeur terrible » : « Il craignait qu'on ne vînt l'enlever aux Délices pour le mettre à la Bastille... Il était effrayé au point que je me rendis chez lui, sur un billet de sa nièce, qui m'appelait à son secours pour le calmer. Après que je lui eus représenté l'absurdité de sa crainte que la France ne vînt, pour une imprudence, saisir un vieillard sur un territoire étranger pour l'enfermer à la Bastille, je finis par m'étonner qu'une tête organisée comme la sienne se dérangeât au point où je la voyais. En se couvrant les yeux de ses poings et fondant en larmes : "Eh bien, oui, mon ami, je suis fou !" fut sa seule réponse. »

« Un fou. » Plusieurs contemporains se sont servis de ce mot pour résumer leur jugement sur l'homme : un

■ Le petit déjeuner de Voltaire, servi par « la belle Agathe », par Huber. (Saint-Pétersbourg, musée de l'Ermitage.)

fou, ce Voltaire qui ne tient pas en place, qui fait tout à la fois, toujours esclave de l'impression immédiate. Une émotivité déréglée et discontinue l'agite. Il est, à sa façon, « convulsionnaire », comme son frère. Le père Arouet disait : « J'ai pour fils deux fous, l'un en prose, l'autre en vers. » L'instabilité fut-elle chez eux une disposition héréditaire ? Chez Voltaire, en tout cas, le désordre émotif est fondamental.

Mais ceux qui s'imaginaient que Voltaire n'avait aucun esprit de conduite se trompaient grandement. Le notaire Arouet n'aurait pas dû craindre que son fils cadet dilapidât sa part d'héritage. Beaucoup mieux doué que son frère, Voltaire sut pallier les effets d'une affectivité éruptive. La crise passée, il se reprend, se contrôle strictement. Tronchin achève le récit, rapporté plus haut, en notant : « Peu de jours après que la réflexion eut chassé sa peur, il aurait défié toutes les puissances malveillantes. »

C'est dans ces ressaisissements de son moi que Voltaire est admirable. Contre lui qui ne tolère pas la moindre critique, Desfontaines a lancé *la Voltairomanie.* L'atroce pamphlet est arrivé à Cirey. Mme du Châtelet le cache, craignant l'effet foudroyant qu'il produira sur son ami. Mais non. Voltaire déjà l'a

■ « Voltaire présidant un dîner de philosophes ». Scène fictive, par un anonyme (1780-1800) : le personnage à gauche de Voltaire est Diderot, qui n'est jamais venu à Ferney. (Genève, Institut et musée Voltaire.)

lu ; il a absorbé le poison, et n'en paraît pas incommodé. À Berlin, que fait Voltaire au milieu de la tempête qui va le chasser de Prusse ? À quoi s'occupe-t-il, quand l'épée de Damoclès pend sur sa tête ? Il s'amuse à versifier les polissonneries de *la Pucelle*. Il est une version de sa mort – garantie par de bons témoins – que je préférerais, parce qu'elle illustre, pour la dernière fois, cette remarquable aptitude de son caractère. Quand Voltaire comprit qu'il n'en réchapperait pas, il entra dans une folle rage, amplifiée par la souffrance. Mais, à l'heure dernière, il s'était repris : « Il appela, dit le prince Bariatinski, un de ses plus anciens domestiques, nommé Morand, et après lui avoir pris tendrement la main, il lui dit adieu et lui ajouta : “Mon ami, je suis un homme mort.” Quelque temps avant de s'éteindre tout à fait, il ouvrit ses yeux qui parurent encore pleins de vie et d'éclat ; alors il soupira trois fois et mourut, sans qu'il parût sur son visage la moindre altération. » Il y a une grandeur classique dans la discrétion de cette mort.

On retrouve cet effort de Voltaire sur soi dans son rationalisme. À cet égard comme à bien d'autres, les voltairiens ont nui à leur maître. Ceux-là sont rationalistes, bien souvent par pénurie. Leur bon sens est froid et terne, comme l'était parfois celui des disciples préférés : d'Alembert, Condorcet, La Harpe. Toute différente est la raison de Voltaire. Militante et, si l'on peut dire, passionnée, elle est conquise sur la déraison. Raison musclée, qui s'est entraînée à réprimer en Voltaire lui-même les forces mauvaises dont Voltaire veut purger la société. Elle dégénère, la raison que l'on recueille en héritage : mainte histoire l'a prouvé. Mais elle anime vigoureusement ceux qui l'ont gagnée ; Voltaire fut de ceux-là.

On comprend qu'un tel homme n'ait aucun abandon. En garde contre lui-même, il passe son temps à composer son personnage. Détestant le naturel, parce qu'il le craint, il vise constamment à l'art, ou à l'artifice. On prête à Talleyrand ce mot : « Le premier mouvement, le bon, celui dont il faut se méfier » ; Voltaire aurait pu le dire. Parce qu'il dut s'assurer la maîtrise d'un tempérament impulsif, il tient en toute chose la spontanéité pour suspecte. Il est pour la raison contre le sentiment, et pour l'art contre la nature. À Ferney, un visiteur allègue, pour excuser Shakespeare, « que, quoique ses caractères fussent pris dans le peuple, ils n'en étaient pas moins dans la nature ». La nature!... « Avec votre permission, monsieur, lui répliqua Voltaire, mon cul est bien dans la nature, et cependant je porte des culottes » (I, 405).

Quand on tient compte de cette volonté de ne pas se laisser entraîner, on comprend mieux la vie et l'œuvre de Voltaire. Que fut-il en amour? Il aima, une fois, à dix-neuf ans, Pimpette; une seconde fois peut-être, un peu plus tard, la maréchale de Villars. Mais on ne l'y reprit pas. Il préféra les liaisons de théâtre, et l'amitié, sentiment calme, qu'il est facile de diriger. Il aima Mme du Châtelet? Mais en passant rapidement au ton d'une amitié quasi conjugale : Émilie, sensuelle et raisonnable, s'y prêtait, jusqu'à ce que, sur le retour, elle s'amourachât d'une ridicule passion d'écolière pour le bellâtre Saint-Lambert.

Voltaire déteste Rousseau. Parce qu'il lui porte ombrage, parce qu'il déclame contre les arts et le théâtre, parce qu'il a trahi les philosophes? Oui, et parce qu'il est l'homme du sentiment. Voltaire avait déjà regimbé à l'apologie de la passion prononcée par Diderot. Les passions sont les vents qui font aller le vaisseau? Voltaire ajoute : « et qui le submergent ». Avec Rousseau, c'est bien pis. Rousseau est l'homme qui accorde plein droit au sentiment. Il passe tout à Julie et à Saint-Preux, parce que ces « âmes sensibles » savent aimer. Voltaire a reconnu dans l'auteur lui-même l'original de ces personnages romanesques. Il projette sur cet être de sentiment, Jean-Jacques, l'effroi que lui cause l'affectivité brute. Un bon nombre des horreurs qu'il a écrites sur le compte de son ennemi procè-

■ *Ci-contre* : Voltaire à D'Alembert, 17 juin 1762, sur la condamnation de Rousseau par le parlement de Paris : « Ce monstre ose parler d'éducation », lui qui a abandonné ses enfants. « Quiconque abandonne les philosophes fera une fin malheureuse. » Autographe. (Paris, Bibl. nat.)

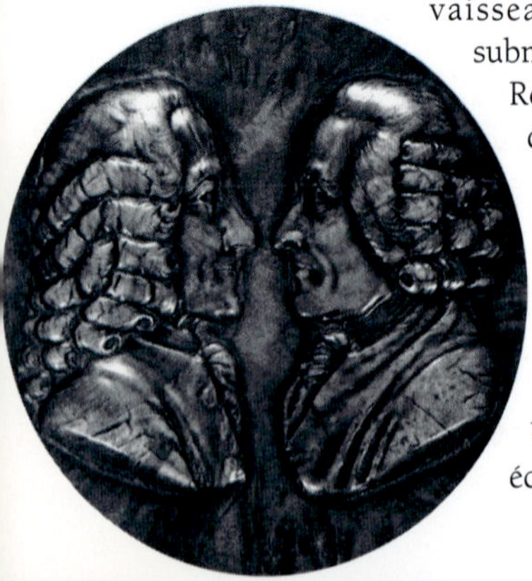

■ Tabatière : Voltaire à gauche. À droite, Rousseau. (Genève, Institut et musée Voltaire.)

dent de là. Il voit s'agiter dans ce Rousseau une magie primitive : quand le bruit court de son mariage avec Thérèse Levasseur, Voltaire écrit que « la *sorcière* termine ses amours en épousant son *sorcier* » ! (XLVI, 121)

Une hostilité comparable l'oppose à Pascal, avec cette différence que Pascal a prise plus profondément sur Voltaire. On se demande ce que son anti-pascalisme doit à l'épreuve du jansénisme familial. D'une façon générale, quelle expérience personnelle le jeune Arouet

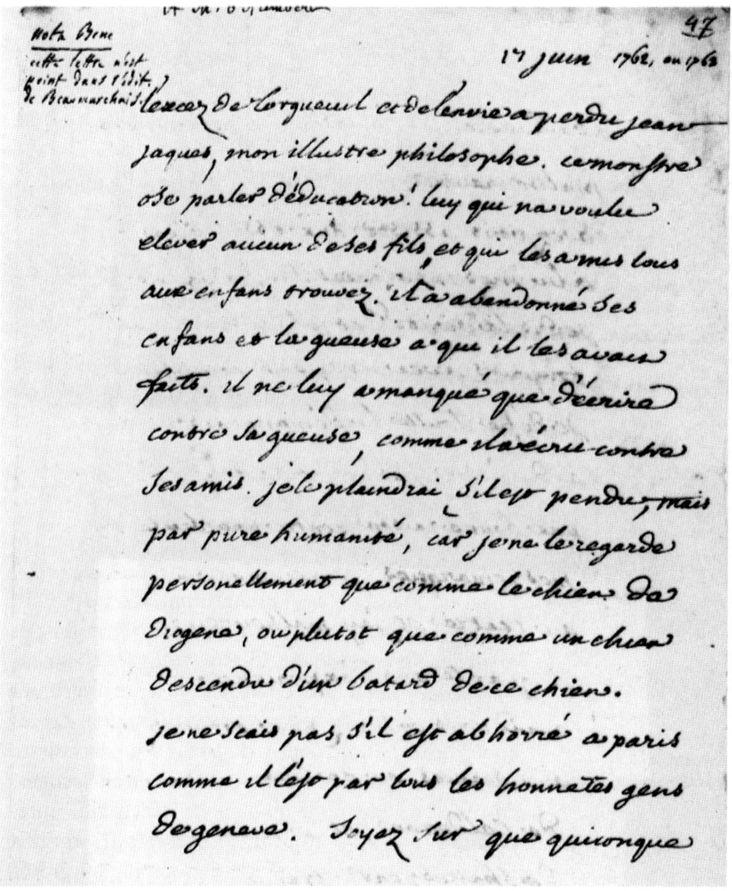

Nota Bene
cette lettre n'est
point dans l'édit.
de Beaumarchais.

47

17 juin 1762, ou 1763

l'excez de l'orgueuil et de l'envie a perdu jean jaques, mon illustre philosophe. ce monstre ose parler d'éducation ! luy qui n'a voulu elever aucun de ses fils, et qui les a mis tous aux enfans trouvez. il a abandonné ses enfans et la gueuse a qui il les avait faits. il ne luy a manqué que d'ecrire contre sa gueuse, comme il a écrit contre ses amis. je le plaindrai s'il est pendu, mais par pure humanité, car je ne le regarde personellement que comme le chien de Diogene, ou plutot que comme un chien descendu d'un batard de ce chien. je ne scais pas s'il est abhorré a paris comme il l'est par tous les honnetes gens de geneve. soyez sur que quiconque avait-il de la passion religieuse ? Ne songeons pas seulement à la dévotion austère des siens. Au collège des jésuites les exercices de piété étaient nombreux, et nul ne pouvait s'y soustraire. Comment le bon élève du père Porée les a-t-il traversés ? Sur ce point, plus encore que sur les autres, Voltaire s'est gardé de toute confidence. À moins qu'il ne faille prendre pour telle cette allusion de l'*Avis au public sur les Calas et les Sirven* :

■ *La Henriade*, chant IV : la Discorde, venant de Rome, met Paris à feu et à sang. (Paris, Bibl. nat.)

C'est ainsi qu'on sortait autrefois de la chambre des méditations chez les jésuites : l'imagination s'enflamme à ces objets, l'âme devient atroce et implacable (XXV, 527).

Voltaire tend à ramener tout sentiment religieux à la stupide « superstition », ou au fanatisme « atroce et implacable ». Dans l'article « Fanatisme » de son *Dictionnaire philosophique*, on lit une phrase étonnante. Voltaire parle de polémistes qui ont défendu contre lui la religion chrétienne : Guyon, auteur de dialogues où, bien entendu, « l'oracle des philosophes » est confondu ; Chaudon et Paulian, qui tentèrent d'opposer à l'impiété la digue de leurs dictionnaires « anti-philosophiques » ; Patouillet, affligé d'un nom ridicule ; Nonotte, ancien jésuite fort érudit, et qui a pris plus d'une fois Voltaire en défaut. La lecture de leurs ouvrages donne l'idée d'ecclésiastiques convaincus, qui font de leur mieux pour soutenir un combat difficile. Mais voyez comme l'imagination de Voltaire transforme ces braves apologistes : ce ne sont, dit-il, « que des fanatiques du coin de la rue, des misérables à qui on ne prend pas garde ; *mais un jour de Saint-Barthélemy ils feraient de grandes choses* ».

Voilà justement le cauchemar voltairien : Nonotte brandissant un poignard ! On ne force pas, je crois, la pensée de Voltaire en lui faisant dire que la foi conduit au « fanatisme », cette « folie religieuse sombre et cruelle ». Il ne voit dans le Polyeucte de Corneille qu'un fanatique, atteint de cette « maladie de l'esprit qui se gagne comme la petite vérole » :

> Les livres la communiquent beaucoup moins que les assemblées et les discours. On s'échauffe rarement en lisant : car alors on peut avoir le sens rassis. Mais quand un homme ardent et d'une imagination forte parle à des imaginations faibles, ses yeux sont en feu, et ce feu se communique ; ses tons, ses gestes, ébranlent tous les nerfs des auditeurs. Il crie : Dieu vous regarde, sacrifiez ce qui n'est qu'humain ; combattez les combats du Seigneur : et on va combattre.

Voltaire ne s'en prenait pas à un fantôme de fanatisme. Le jansénisme convulsionnaire, les persécutions contre les protestants, une affaire comme l'affaire La Barre étaient, en son temps, des symptômes trop réels de cette « folie religieuse ». Mais on peut reprocher à Voltaire de voir des « fanatiques » partout. Les Polonais défendent-ils leur malheureuse patrie contre les entreprises « éclairées » de Catherine II ? Ils sont catholiques, il faut donc qu'ils soient des « fanatiques » ; et Voltaire cherche les crimes qu'ils ont dû commettre, bien embarrassé de n'en pas trouver davantage.

Cette horreur de la passion religieuse est le mobile psychologique de son grand combat contre le christianisme. On retrouve ici ce même effort pour substituer

DICTIONNAIRE
PHILOSOPHIQUE,
PORTATIF.

ABRAHAM.

ABRAHAM est un de ces noms célèbres dans l'Asie mineure, & dans l'Arabie, comme Thaut chez les Egyptiens, le premier Zoroastre dans la Perse, Hercule en Grèce, Orphée dans la Thrace, Odin chez les nations septentrionales, & tant d'autres plus connus par leur célébrité, que par une histoire bien avérée. Je ne parle ici que de l'histoire profane ; car pour celle des Juifs nos maîtres & nos ennemis, que nous croyons & que nous détestons, comme l'histoire de ce peuple a été visiblement écrite par le

A Saint-

■ Première page du *Dictionnaire philosophique portatif* (Genève, Cramer), 1764 : ouvrage majeur de la campagne « Écrasez l'Infâme ». (Paris, Bibl. nat.)

la raison au sentiment. Voltaire voudrait qu'au christianisme, religion passionnelle, succédât une religion froide, analogue à celle des lettrés de la Chine. La « religion naturelle » dont il se fit l'apôtre, religion universelle, n'est pas liée à un groupe humain déterminé. Voltaire ne veut pas de cette chaleur du coude à coude que répand la communion dans une même foi. Peu ou pas de clergé, pas de tradition, à peine de temps à autre quelques cérémonies augustes, mais purement allégoriques, aucun sacrement, bref, rien qui puisse échauffer l'âme. Le seul enthousiasme que permette Voltaire est

■ Première édition des *Éléments de la philosophie de Newton*, publiée à Amsterdam, 1738, avec des portraits de Voltaire et de Newton : exposé clair de la physique newtonienne, que beaucoup en France refusaient encore d'accepter. (Versailles, Bibl. municipale.)

celui qui naît de la contemplation céleste. Le dieu de Voltaire est celui de Newton, manifesté par l'harmonie des sphères, dieu sensible à l'esprit, non au cœur.

Voltaire n'admet que cette forme purifiée du sentiment religieux, mais il l'admet. Il n'est pas possible de mettre au nombre de ses supercheries ses professions de foi théistes. Les textes de Voltaire où s'exprime l'exaltation qu'il ressent à la pensée du « dieu de tous les mondes » sont certainement sincères. Il importe peu que ces textes embarrassent ceux qui, pour discréditer

■ Portrait d'Isaac Newton.

Voltaire, ou pour l'honorer comme un précurseur de l'athéisme moderne, lui dénient toute aptitude religieuse[2].

Qu'on veuille bien lire Voltaire et, écartant les préjugés, faire effort pour le comprendre. On avouera alors que les grands problèmes métaphysiques l'ont inquiété non pas une fois en passant, mais toute sa vie. Plongé dans les dissipations de la Régence, il lisait, plume à la

2. On trouvera une étude plus détaillée de cette question dans mon livre sur *la Religion de Voltaire* (Paris, Nizet, 1956 ; nouvelle édition revue et augmentée, 1969).

main, des philosophes. À Cirey, il écrit un *Traité de métaphysique* et une *Métaphysique de Newton.* Vers 1748, il s'inquiète du problème du libre arbitre. Pendant la décennie qui s'étend de *Zadig* à *Candide,* son esprit est aux prises avec le scandale du mal. À partir du *Philosophe ignorant,* le vieillard de Ferney procède à une révision générale de sa métaphysique, dans laquelle l'influence de Malebranche et celle de Spinoza l'emportent sur celle de Locke. On a montré qu'il a déchiffré mieux que la plupart de ses contemporains la doctrine de *l'Éthique.* Tous ces textes, trop peu connus, ne le mettent pas au niveau des maîtres à penser de l'humanité ; ils prouvent cependant qu'il a cherché obstinément le mot de la grande énigme. À ce titre, il mérite le nom de philosophe, au sens où nous l'entendons. Il fut de la foule de ceux qui, sans doter l'homme d'une doctrine nouvelle, s'aidèrent des doctrines des autres pour se rendre compte à eux-mêmes de leur existence.

Mais il s'efforce d'enlever à ces débats toute résonance sentimentale. Il lui échappe, sur la mort, des réflexions déchirantes. Mais il évite de se livrer, sur ce sujet, à des méditations préromantiques comparables à celles qui viennent sous la plume de Diderot. Voltaire s'émeut du mal qui est dans le monde ; le tremblement de terre de Lisbonne l'a bouleversé. Il y a une éloquence douloureuse dans son *Poème* sur ce désastre. Mais l'expression véritablement voltairienne est dans *Candide* : l'émotion tourne à l'ironie amère. De cette navrante revue de nos misères, Voltaire va-t-il passer à la grande orchestration pascalienne, sur l'homme naturellement malheureux? Il semble, au dernier chapitre, sur le point de poser ce thème :

> Martin... conclut que l'homme était né pour vivre dans les convulsions de l'inquiétude, ou dans la léthargie de l'ennui.

Dans « Le mont des Oliviers », le Christ de Vigny développera ce dilemme, demandant au Père :

Pourquoi l'âme est liée en sa faible prison ;
Et pourquoi nul sentier entre deux larges voies,
Entre l'ennui du calme et des paisibles joies
Et la rage sans fin des vagues passions,
Entre la léthargie et les convulsions ;
Et pourquoi pend la Mort comme une sombre épée,
[...].

Mais Voltaire a coupé court. Fort en peine de savoir pourquoi il y a du mal sur la terre, nous allions demander l'explication de ce mystère à un illustre « derviche ». « Qu'importe qu'il y ait du mal ou du bien ? » répond ce métaphysicien, en nous congédiant brutalement. Et l'œuvre s'achève en un rétrécissement typiquement voltairien. Candide « conclut » qu'il ne faut plus se tourmenter de tant de malheurs que nous venons de traverser en sa compagnie, qu'il faut plutôt faire de la pâtisserie, de la broderie, de la menuiserie, bref qu'il faut « cultiver son jardin », comme si de rien n'était.

Voltaire aime décevoir par ces fins abruptes. Il promet un ample développement, on attend qu'il termine en beauté, selon les bonnes règles de la rhétorique. Achevant *le Siècle de Louis XIV,* il va prononcer la péroraison que mérite « le siècle le plus éclairé qui fût jamais »... Point du tout, il nous laisse, nez en l'air, à chercher dans le ciel de la Chine les « croix de feu » que certains missionnaires ont cru y apercevoir. Avant de quitter son ami le « nain de Saturne », Micromégas

Mme du Deffand, aveugle, tenait sa correspondance avec Voltaire pour l'un de ses meilleurs divertissements. Gravure d'après Deveria. (Paris, Bibl. nat.)

lui a remis un gros manuscrit dans lequel on verra « le bout des choses ». Le nain, qui ressemble à Fontenelle, porte le précieux volume à Paris, à l'Académie des sciences, « mais, quand le secrétaire l'eut ouvert, il ne vit rien qu'un livre tout blanc : *Ah!* dit-il, *je m'en étais bien douté.* » Nous avons lu *le Blanc et le Noir*. L'histoire de Rustan est finie ; celle du perroquet de Topaze va commencer. Elle s'annonce fort intéressante, cet oiseau étant né « quelque temps avant le déluge », et ayant vécu dans l'arche. Rustan se met en devoir d'écouter : « On lui amena le perroquet, lequel parla ainsi. » Et le conte se termine par ce *nota bene* :

> Mlle Catherine Vadé n'a jamais pu trouver l'histoire du perroquet dans le portefeuille de feu son cousin Antoine Vadé, auteur de ce conte. C'est grand dommage, vu le temps auquel vivait ce perroquet.

Certaines parties de l'œuvre de Voltaire annoncent le romantisme. Mais par son refus de l'ampleur pathétique, par son application à briser la résonance, Voltaire est absolument anti-romantique.

Anti-romantique, donc anti-poète, dira-t-on. Son fiasco poétique pèse lourdement sur sa réputation. On ne lui pardonne pas de n'avoir pas été le grand poète en vers qui manque à notre littérature du XVIIIe siècle. Ne l'excusons pas trop vite en alléguant que l'air du temps était mortel à la poésie. Il est bien vrai que la lectrice de Voltaire par excellence, c'est Mme du Deffand, mondaine admirablement intelligente et cultivée, mais de tempérament foncièrement anti-poétique.

Accordons encore que la langue d'un siècle trop raisonneur ne pouvait être l'instrument d'une « sorcellerie évocatoire ». Voltaire lui-même se plaignait que le poète français eût à manier un langage pauvre et sec. Mais tout cela était déjà vrai au temps de Racine, et le sera encore au temps de Chénier. Entre ces deux poètes, Voltaire est coupable d'avoir laissé périr la flamme de la poésie authentique que seul, peut-être, il pouvait entretenir.

Cet échec de Voltaire dépite. Que n'a-t-il, au moins une fois, heurté le goût de son public ! Ses tragédies furent parfois sifflées ; jamais, hélas ! pour cause de poésie. Il a écrit des pièces qu'il ne destinait pas à la représentation : pourquoi n'a-t-il pas saisi ces occasions de commettre le péché poétique ? Parce que n'est pas mauvais poète qui veut, on ne fait pas grief à un Montesquieu d'avoir ignoré le langage des Muses ; mais on soupçonne Voltaire d'avoir manqué la poésie par sa faute. Il perçoit finement les musiques verbales. Dans le rythme, dans le jaillissement d'images de certaines de ses proses passe le courant poétique. « Primaire », sensuel et avide, il est vivement saisi par la sensation. Pour cette seule raison, Diderot considérait Voltaire comme un excellent spécimen d'organisation poétique ; car le poète est « un être abandonné à la discrétion du diaphragme » : « Un mot touchant a-t-il frappé l'oreille, un phénomène singulier a-t-il frappé l'œil, et voilà tout à coup le tumulte intérieur qui s'élève, tous les brins du faisceau qui s'agitent, le frisson qui se répand, l'horreur qui saisit, les larmes qui coulent, les soupirs qui suffoquent, la voix qui s'interrompt, l'origine du faisceau qui ne sait ce qu'il devient [...] » (*le Rêve de D'Alembert*).

Il ne suffit pas de sentir. L'auteur du *Paradoxe sur le comédien* n'ignore pas qu'un sentiment n'a d'existence artistique que par l'expression. Voltaire sait rendre ce qu'il sent, et vivement, comme il le sent. Décrit-il les merveilles gastronomiques d'un repas, ses mots frémissent de sa sensualité de gourmand. Humez les effluves qui émanent de ces phrases :

> On servit deux potages, l'un de bisque, l'autre à la reine ; les entrées furent une tourte de langues de carpes, des foies de lottes et de brochets, des poulets aux pistaches, des innocents aux truffes et aux olives, deux dindonneaux au coulis d'écrevisses, de mousserons et de morilles, et un chipolata [...] (XXI, 501).

Voltaire joue savamment du pouvoir évocateur des mots rares, soit termes d'une technique, culinaire ou autre, soit mots exotiques, soit noms propres. Avant Balzac, il a connu le secret de caractériser un personnage par son nom. Comment peut s'appeler, dans le royaume de Cachemire, le prétendant ridicule d'une belle princesse ? Voltaire le sait : c'est le seigneur Barbabou. Par la grâce de notre auteur, un licencié de théologie de l'université de Salamanque porte le nom de Zapata. Ces trois syllabes dessinent une silhouette : Zapata traîne ses chausses à travers les vieilles rubriques de la théologie espagnole ; et point si sot que l'on croirait, ce licencié Zapata ; il met de la malice dans les *Questions* qu'il pose sur les deux Testaments... Ailleurs, Voltaire, rompu à tous les exercices littéraires, s'élève au lyrisme oratoire. Dans ses *Discours en vers,* il traite des grandes idées et des grands sentiments ; pourquoi est-il donc impuissant à faire entendre les harmoniques poétiques de ces thèmes traditionnels ? Quel sort fut jeté sur cet homme si sensible, en possession de toutes les ressources de l'art verbal ? Car, il faut l'avouer, ses grandes compositions versifiées sont navrantes : dans leur style sans mouvement, sans couleur, sans vie, on cherche en vain l'étincelle voltairienne.

Peut-être ce poète s'étrangla-t-il lui-même, par une trop sévère surveillance de soi. La poésie, qui est une nature, fait peur à Voltaire. Ses jugements littéraires sont, à cet égard, instructifs. Il a été empoigné par Milton, qu'il a lu en anglais, et par Shakespeare, dont il vit jouer les principaux drames à Londres. En 1726, il est l'un des rares Français capables d'apprécier *Hamlet* et *Macbeth ;* tandis que, passant en Angleterre presque en même temps, Montesquieu ne prête pas attention à Shakespeare. Il arrive que Voltaire s'aventure bien loin de Virgile, Racine et Quinault, ses grands hommes de tous les jours. Il goûte le charme étrange d'Ézéchiel, qu'il a longuement brocardé. Il faut ne pas connaître Voltaire pour s'étonner de cette apparente inconséquence. Il compare Ézéchiel à Eschyle, ce qui n'est pas mal vu. Dans une zone plus proche, il a commencé son

Commentaire de Corneille sous le coup de son enthousiasme pour le génie abrupt de son auteur. Mais, dans ce cas et dans tous les autres, le réflexe de défense a joué. Voltaire, chaque fois, s'est repris. Il ne veut pas se livrer au sentiment poétique brut. Shakespeare, Milton, Ézéchiel, Corneille sont des génies incultes, des barbares, des « sauvages ivres ». Il leur reproche de déchaîner la poésie ; il exige que l'art muselle le « monstre odieux » dont parlait Boileau. Voyez comme il en use dans ses propres œuvres. Pour mieux parer sa muse, il l'affuble de réminiscences classiques, de figures de style noble ; il ne s'aperçoit pas, le malheureux ! qu'il l'étouffe sous les ornements. Ou plutôt il s'en aperçoit bien ; il a trop d'intelligence et de goût pour se faire illusion. Il sait que ses poèmes sont faibles. Il le sait, et n'y peut rien faire. André Delattre citait un exemple bien frappant de son impuissance : en 1733, Voltaire, excité par l'audace anglaise, donne congé au « petit esprit de critique » qui contraint les Français. Il prend le parti de s'abandonner à la fougue de son imagination, et il commence... quelle œuvre ? *la Pucelle.*

C'est parce qu'il n'a jamais pu desserrer ses contrôles que Voltaire échoue pareillement au théâtre. La tragédie pathétique est nécessaire à son hygiène psychologique. Chez cet homme qui se refuse au sentiment, un besoin d'émotion subsiste qui obtient sur la scène des satisfactions non

LA PUCELLE

D'ORLÉANS.

POEME HEROI-COMIQUE.

Definit in piscem mulier formosa superne. HOR.

PREMIERE EDITION.

A PARIS.

M. DCC. LV.

■ *La Pucelle d'Orléans,* poème héroï-comique, de sujet scabreux. Des éditions pirates corsées de passages scandaleux, comme celle-ci, causèrent à Voltaire les plus grands soucis. (Paris, Bibl. nat.)

périlleuses. Jouer l'émotion le dispense même de la vivre. Il cherche donc systématiquement les situations bouleversantes. Il ne se lasse pas de répéter l'imbroglio des enfants perdus, qui sont, au théâtre, des enfants retrouvés : embrassements, larmes, cris de joie, Voltaire a refait dix fois cette scène. Il a prodigué l'inceste, le poison, l'incendie... Dans *Olympie*, l'héroïne se jette, sous les yeux du spectateur, dans un brasier, un vrai brasier qui, au cours d'une des représentations, mit le feu au théâtre de Voltaire. Toutes les frénésies du drame romantique sont déjà dans les tragédies de Voltaire. Qu'est-ce donc qui donne à ces actions forcenées une allure si compassée ? La vraisemblance sacrifiée ? Mais ne l'est-elle pas tout autant dans maint chef-d'œuvre dramatique ? Il est plus grave, sans doute, que les personnages, marionnettes tragiques, manquent de consistance humaine. Mais ce qui tue véritablement ce théâtre, c'est ce qui, peut-être, sauve les mélodrames de Hugo : le style.

Sémiramis pouvait être une magnifique horreur. Le sujet est plus « romantique » que celui d'*Hernani*. Car enfin dans *Hernani* il n'y a pas de fantôme, et dans *Sémiramis* il y en a un, celui du père assassiné, en provenance de *Hamlet*. Il y a aussi, outre l'indispensable inceste, un assassinat, et quel assassinat ! La scène représente le vestibule d'un temple. Ce temple renferme un tombeau, et dans ce tombeau se cache, croit-on, l'ennemi de Ninias, Assur. Notre jeune héros, guidé par le fantôme de son père, s'enfonce dans le sépulcre. Des cris éclatent ; le ciel tonne, la terre tremble, et Ninias reparaît, « une épée sanglante à la main » :

AZÉMA

Ah ! seigneur,
Vous êtes teint de sang, pâle, glacé d'horreur.

NINIAS, *d'un air égaré* :

Vous me voyez couvert du sang du parricide.
Au fond de ce tombeau mon père était mon guide ;

■ « Le Rêve de Voltaire composant *La Pucelle* », gravure par G. de Saint-Aubin : le poète inspiré, mais par le sujet de *La Pucelle*... (Paris, musée du Louvre.)

J'errais dans les détours de ce grand monument,
Plein de respect, d'horreur, et de saisissement ;
Il marchait devant moi : j'ai reconnu la place
Que son ombre en courroux marquait à mon audace.
Auprès d'une colonne, et loin de la clarté
Qui suffisait à peine à ce lieu redouté,
J'ai vu briller le fer dans la main du perfide ;
J'ai cru le voir trembler : tout coupable est timide.
J'ai deux fois dans son sang plongé ce fer vengeur ;
Et d'un bras tout sanglant qu'animait ma fureur,
Déjà je le traînais, roulant sur la poussière,
Vers les lieux d'où partait cette faible lumière :
Mais [...].

Mais il y a eu erreur sur la personne. En la place d'Assur, Ninias vient d'assassiner sa mère, Sémiramis, qui avait eu la malencontreuse idée de se réfugier dans ce même sépulcre ! Voltaire appelait cette scène « le colin-maillard du tombeau », et, à la lecture, on ne réussit pas à la prendre au sérieux. Il faudrait que Voltaire crût vraiment aux horreurs qu'il imagine pour qu'elles fussent efficaces. Mais son esprit critique, toujours en éveil, n'est pas dupe. Voltaire écrit à la fois *Sémiramis* et la parodie de *Sémiramis*. Est-ce parce qu'il ne s'engage pas assez dans sa fiction que le style en est si conventionnel ? Non seulement, dans la scène de l'apparition, « l'ombre » se montre en plein jour et parmi une nombreuse assemblée (il est évident que Voltaire connaît mal les mœurs des vampires, bien qu'il ait lu le livre de dom Calmet sur ce sujet), mais il est question de la « cendre » de cette ombre, dont, d'ailleurs, on « embrasse les genoux ». Voltaire, timide dans ses plus grandes hardiesses, a revêtu ses macabres inventions d'une décente parure classique. Il n'a pas osé créer le style qu'exigeait un théâtre mélodramatique comme le sien. Cet homme, dont la personnalité, sur certains points, n'a jamais atteint la maturité, ne s'était pas encore dégagé, à la veille de sa mort, de la méthode de démarquage enseignée par ses régents. Il croit écrire

■ *Sémiramis*, dans un impressionnant décor « oriental », apparition du spectre du père assassiné. (Paris, Institut Tessin.)

■ Esquisses, par Michel-Ange Slodtz, de la coulisse de gauche et de la coulisse de droite, pour une reprise de *Sémiramis* à la cour. Le décor prévoyait un temple et un tombeau. (Paris, Bibl. nat.)

une tragédie en plaquant dans ses hémistiches du Corneille et du Racine. Quand l'évolution de la langue eut fait tomber en désuétude le style tragique du Grand Siècle, le langage voltairien commença à sonner faux, et aujourd'hui, par la faute de cette écriture pastichée, ce théâtre est devenu difficilement jouable.

Voltaire avait mal choisi en se proposant Racine pour modèle. Un sentiment de sa propre impuissance se mêle à l'admiration qu'il lui porte : « pauvres écoliers du siècle de Louis XIV », dit-il de lui-même et de ses confrères. Il envie Racine cependant, et ne désespère pas de l'égaler un jour. Il se sent assez doué pour procurer au moins l'illusion qu'il approche de la perfection racinienne. Avec moins de dons, il eût probablement renoncé à entrer dans une famille qui n'est pas la sienne, celle des poètes artistes. L'intelligence créatrice de ceux-ci moule dans une forme originale les emprunts littéraires. Mais l'intelligence, non créatrice, de Voltaire a longuement échoué dans les entreprises d'art concerté ; son imitation reste « un esclavage ». Voltaire, faux classique, ne compense pas les puissances de la sensibilité par celles de la raison. Il lui manque cet équilibre qui produit les œuvres où « tout est ordre et beauté ». Le classique, selon Valéry, est « l'écrivain qui porte un critique en soi-même et qui l'associe intimement à ses travaux » : le critique que Voltaire « porte en lui-même » n'est pas « associé à ses travaux » ; quand Voltaire se contrôle, il se paralyse.

Faut-il donc passer condamnation sur toute cette œuvre versifiée, à laquelle Voltaire s'est tant appliqué ? On hésite à prononcer l'arrêt fatal. Dans un mauvais poète, souvent sommeille l'âme d'un grand poète qui n'a pas su trouver sa voie. Il arrive que quelquefois cette âme se fasse entendre, pour retourner aussitôt à son silence. C'est vrai particulièrement de Voltaire. Il est le type même du mauvais poète dont on cite de bons vers.

Lekain (Ninias, le fils) et Clairon (Sémiramis, la mère), devant l'apparition du spectre du père assassiné. (Paris, Bibl. de la Comédie française.)

Pour jouer au jeu de « de qui est-ce ? », on peut s'approvisionner chez lui. On isolera des vers qui seront attribués à Lamartine, à Musset, à Vigny, voire à Valéry :

> Confidents du Très-Haut, substances éternelles
> Qui brûlez de ses feux [...] (x, 301).

Mais Voltaire est tout de même un peu plus qu'un Arvers qui aurait eu plusieurs « matins triomphants ». Il finit par découvrir son registre véritable, et sa répu-

■ Esquisse d'un guerrier de *Tancrède* ; au XIe siècle, dans Syracuse assiégée par les Maures. Voltaire avait prévu une nombreuse figuration de gens en armes. (Paris, Bibl. nat.)

tation de poète serait moins mauvaise s'il avait eu la sagesse de s'y tenir. Il a manifesté son sens du rythme en faisant un usage original du vers de dix pieds. Notre alexandrin facilement s'endort dans le ronron de ses rimes plates et de ses césures régulières. Hugo, mais déjà Racine, et tous les grands poètes français ont dû rompre ce charme monotone. Le décasyllabe au contraire a pour règle l'irrégularité. La démarche de ses deux hémistiches inégaux le projette en avant. Comme l'alexandrin vers l'inertie, il tend vers le mouvement. Est-ce pour cette raison qu'il fut choisi par les auteurs des anciennes gestes épiques ? S'imposa-t-il au poète du *Cimetière marin* pour exprimer la tension d'une angoisse contenue ? Voltaire, quant à lui, fit du décasyllabe le mètre de sa grêle allégresse. Il scande sur ce rythme les gaillardises de *la Pucelle,* qui passèrent en leur temps pour pornographiques :

> Monsieur le saint, ce n'était pas la peine
> D'abandonner le céleste domaine
> Pour demander à ce peuple méchant
> Ce beau joyau que vous estimez tant.
> Quand il s'agit de sauver une ville
> Un pucelage est une arme inutile [...] (IX, 36).

Le décasyllabe est le mètre du *Mondain* :

> Chloris, Églé, me versent de leur main
> D'un vin d'Aï dont la mousse pressée
> De la bouteille avec force élancée,
> Comme un éclair fait voler le bouchon ;
> Il part, on rit, il frappe le plafond.
> De ce vin frais l'écume pétillante
> De nos Français est l'image brillante [...].

Le décasyllabe est aussi le mètre de l'*Épître à Mme Denis,* qui est un « anti-mondain » :

> C'est donc ainsi, troupe absurde et frivole,
> Que nous usons de ce temps qui s'envole ;
> C'est donc ainsi que nous perdons des jours
> Longs pour les sots, pour qui pense si courts ! [...]

La gaieté de Voltaire a un fond d'acidité. « Toujours un pied dans la tombe, de l'autre faisant des gambades », il écrit des musiques aigres pour danse macabre.

« Frères humains qui après nous vivez », chantait Villon. Voltaire est à la fois plus gai et plus désolant. Sur le même mètre chevrotent les misères futiles de son « Pauvre Diable » ; c'est en décasyllabes qu'il raconte les aventures dérisoires de *la Guerre de Genève* comme le voyage au pays du néant de son *Songe creux*. De ce vers étriqué, l'amer Voltaire tire ses effets discordants. Voici Homère :

> Auteur sublime, inégal et bavard,
> Toi qui chantas le rat et la grenouille [...] (IX, 515).

et l'auteur d'une autre *Pucelle :*

> Ô Chapelain, toi dont le violon,
> De discordante et gothique mémoire,
> Sous un archet maudit par Apollon
> D'un ton si dur a raclé son histoire [...] (IX, 26).

ou bien Jean-Jacques :

> Le roux Rousseau, de fureur hébété,
> Avec sa gaupe, errant à l'aventure [...] (IX, 552).

Si le classicisme français possède un satirique, c'est Voltaire. Sa vraie voix de poète est cette voix de fausset où grince l'allégresse chétive de l'homme. Et, comme si le vers de dix pieds lui était trop ample encore, il arrive qu'il étrangle un peu plus son organe : en 1778, il fait en vers ses *Adieux à la vie ;* l'angoisse le point ; mais il ne faut pas déclamer ; « tordant son cou » à l'éloquence, il dit en octosyllabes :

> Adieu ; je vais dans ce pays
> D'où ne revint point feu mon père :
> Pour jamais adieu, mes amis.

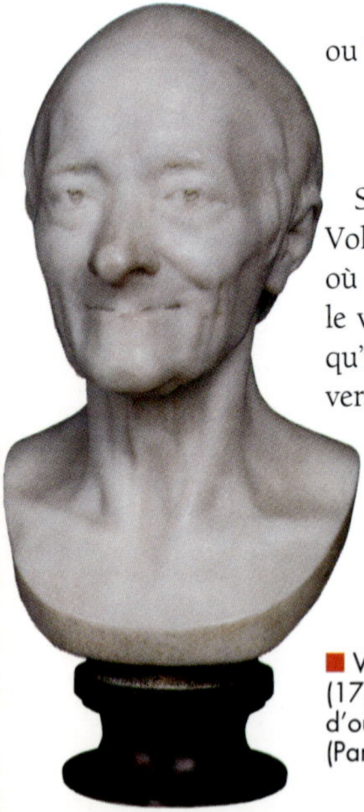

■ Voltaire par Houdon. Au retour du grand homme à Paris (1778), le sculpteur a obtenu quelques séances de pose d'où sortiront ce buste et le grand Voltaire assis. (Paris, musée du Louvre.)

On comprend que Voltaire répugne profondément à la sensibilité moderne. Poète du dénuement intérieur, il n'était déjà plus en accord avec la génération de 1750, celle de Diderot et de Rousseau. Il doit déplaire plus encore à l'« amateur de poèmes » contemporain, qui, nourri de romantisme, attend de la poésie qu'elle le pénètre de plénitude sentimentale.

Ceux qui se délectent dans les moiteurs de l'âme ne peuvent pas aimer cette vivacité décharnée, même dans les proses où elle triomphe. Il n'est pas douteux que le meilleur Voltaire est le Voltaire prosateur. Parce que alors il cesse de guinder la forme, son élan affectif le porte au genre de perfection qui est le sien, perfection non de l'ordre, mais du mouvement endiablé. Dans les genres où il se contraint le moins, pages de polémique, lettres, contes, il est éblouissant parce qu'il n'y pense pas. C'est ici qu'il obtient de ces réussites d'expression qui, comme celles de Racine, défient l'analyse, pensée, sentiment et forme étant indiscernables. À la différence de *Sémiramis,* il est impossible d'imaginer *Candide* écrit autrement. Le style de ce chef-d'œuvre a un tel caractère de nécessité que l'on ne pourrait sans dommage y changer un mot. « On ne traduit pas les poètes », disait Voltaire ; je crois bien que l'on ne traduit pas non plus *Candide.*

On cite toujours *Candide,* mais de telles réussites sont répandues dans toute l'œuvre de Voltaire. L'originalité de *Candide* est plutôt dans la continuité de la perfection.

D'habitude, Voltaire ne réussit pas une œuvre, mais un chapitre, une page, un paragraphe. Il n'est presque jamais inintéressant. Mais il faut chercher les moments heureux dans une production énorme, impossible à distribuer en compartiments. On lit mal Voltaire, si on le lit, comme on le fait hélas le plus souvent, sous forme d'extraits. Il faut le prendre en bloc. De même que des morceaux choisis de Balzac trahissent l'auteur de *la Comédie humaine,* un recueil des 100 meilleures pages de Voltaire n'est plus Voltaire. Dans les

50 volumes des *Œuvres complètes* (édition Moland), le meilleur est soutenu par le moins bon ou par le pire. Cette œuvre agit par un effet de masse. On peut la comparer aux *Essais* de Montaigne, ou aux *Mémoires* de Saint-Simon. Ici et là, même saveur de l'homme qui parle la plume à la main. C'est cette présence de Voltaire dans tout ce qu'il écrit qui est admirable, présence de ce causeur étincelant, de ce séducteur. Ceux qui n'aiment pas Voltaire ne l'ont pas lu, j'entends ne l'ont pas lu comme il faut, tout entier. Il n'est pas possible, je crois, de lire les 50 volumes, 80, ou 100 volumes qui renferment tout ce qu'il a écrit, sans être conquis. Quand on a cette patience, on finit par aimer tout de lui, même (ou surtout?) ses défauts, comme on en vient à aimer ceux de Saint-Simon. Quelle mesquinerie plus petite que ce que Saint-Simon appelle « l'usurpation énorme du bonnet » : il s'agissait de savoir si, dans le parlement de Paris, le premier président devait se découvrir pour demander aux ducs et pairs leur avis! Saint-Simon se passionne pour cette question d'étiquette. Toute la scène de la politique européenne disparaît derrière le malheureux « bonnet ». À la séance du parlement où le Régent fit casser le testament de Louis XIV, Saint-Simon éleva sa petite voix aiguë, pour parler de quoi? Du bonnet, toujours. C'est absurde et magnifique – comme les manies de Voltaire. Le lecteur fait vite connaissance avec les « scies » voltairiennes. Il y a le père de J.-B. Rousseau qui fut cordonnier; il y a les habitudes « particulières » de l'abbé Desfontaines; il y a les « coquilles » que Buffon prend pour des fossiles, mais qui sont tout simplement tombées du chapeau des pèlerins revenant de Palestine; il y a les « anguilles » au moyen desquelles le « jésuite » Needham croit démontrer que Dieu n'existe pas; il y a

la ville latine de Maupertuis, et ses cerveaux de géants disséqués pour étudier l'âme, et son trou jusqu'au centre de la terre ; il y a les « confitures » d'Ézéchiel... L'un des plaisirs du lecteur ordinaire de Voltaire est de guetter ces refrains. Voltaire, qui le sait, joue parfois à les faire désirer. Mambrès offre à ses confrères, sur le bord du Nil, le repas dont on a lu plus haut le menu. Ézéchiel est présent. Le lecteur prévoit donc déjà ce qui viendra. Mais quand ? mais comment ? La chère est des plus délicates, bien différente des fameuses « tartines »... Aux liqueurs, on bavarde ; Mambrès, Daniel, Jérémie disent leur mot. Enfin Voltaire va à la ligne, et nous y sommes :

Deux profils de Voltaire âgé, par Saint-Ours. (Genève, Institut et musée Voltaire.)

Ézéchiel dit : [...]

On a à peine besoin de lire la suite : depuis plusieurs minutes qu'on l'attendait, on savait bien ce qu'Ézéchiel dirait.

Voltaire s'amuse. Puis il est sérieux, paradoxal, ironique ; il traite des plus graves questions à partir des plus minces sujets, ou l'inverse. Il a une envergure de pensée qui fait défaut à un Saint-Simon ; ses expériences sont plus variées, ses curiosités plus étendues que celles de Montaigne. C'est une fête pour l'esprit que de retrouver toutes les matières, ou peu s'en faut, de la culture humaine, repensées et exprimées, au cours d'un long « propos » de plus d'un demi-siècle, par l'un des hommes les plus intelligents et les plus vivants qui aient jamais été.

Il est un genre où cet écrivain d'humeur exerce sa raison sans se guinder ni se bloquer : c'est l'histoire. Après son *Charles XII*, biographie romanesque, *le Siècle de Louis XIV* et l'*Essai sur les mœurs* sont de grands livres, où le regard historique embrasse la vie des sociétés humaines au cours de longues périodes. Certes, dans ces œuvres, qu'il travailla une vingtaine d'années, Voltaire n'a pu imposer silence à ses passions. Toujours sa sensibilité s'exaspère au récit d'atroces cruautés. Qu'est-ce que l'histoire du monde, de Charlemagne à Louis XV? « Une suite presque continue de crimes et de désastres » (XIII, 182). Sur cette scène sanglante, comparaît le clergé voltairien :

> Les druidesses plongeaient des couteaux dans le cœur des prisonniers, et jugeaient de l'avenir a la manière dont le sang y coulait (XI, 160).
> Marco Polo [...] dit que, de son temps, dans une partie de la Tartarie, les magiciens ou les prêtres (c'était la même chose) avaient le droit de manger la chair des criminels condamnés à la mort. Tout cela soulève le cœur [...] (XII, 389).

Voltaire traitait les juges du chevalier de La Barre d'« Arlequins anthropophages ». Son optique transforme parfois l'histoire en une mêlée d'anthropophages, et parfois en une parade d'Arlequins. Une des raisons qui le décidèrent à s'occuper de l'histoire universelle fut l'irritation que lui causait le *Discours* de Bossuet. Bossuet, orateur impénitent, déroulait son histoire sur le rythme d'une belle rhétorique; il prononçait comme l'oraison funèbre de l'humanité. Mais Voltaire déteste les harangueurs, les Pangloss arrangeurs de mots. Son histoire à lui ressemble à ses contes; elle est une « vicissitude perpétuelle » (XII, 134). Voltaire croit à la Providence, comme Bossuet. Mais il ne croit pas que l'homme puisse lire dans la succession des événements les desseins providentiels; il ne pense même pas que l'Être des êtres se soucie beaucoup des insectes que nous sommes. L'histoire de Voltaire est à l'image de l'homme voltairien : sautillant d'un fait à l'autre, elle n'a aucun « sens », mais elle témoigne à chaque instant de la fragilité humaine. Les histoires universelles sont toujours des sortes de poèmes, où domine la subjectivité de l'auteur. L'histoire de Voltaire, comme celle de Bossuet, c'est l'humanité vue à travers un tempérament.

C'est aussi l'humanité vue à travers une raison. En marge de l'histoire, Voltaire a inventé des œuvres de fiction, tragédies, contes, facéties, qui sont les exutoires de son humeur. Son Mahomet tragique est un monstre, tout chargé de sa répulsion. Mais dans l'*Essai sur les mœurs* le fondateur de l'islam est jugé avec plus d'équité. Voltaire fait effort pour parler objectivement des gens qu'il déteste. Il va jusqu'à rendre justice aux moines. On trouverait, sans trop de peine, les éléments d'un « génie du christianisme » dans le chapitre qui leur est consacré : les couvents, « asiles ouverts à tous ceux qui voulaient fuir les oppressions du gouvernement goth et vandale », furent une « consolation pour le genre humain » ; ils conservaient le peu de connaissances qui restaient après la décadence de Rome ; ils pouvaient par leurs exemples « mitiger la férocité de ce temps de barbarie » (XII, 335) ; et Voltaire avoue qu'il n'est, en son temps, « peut-être rien de plus grand sur la terre » que le sacrifice que fait une jeune religieuse en se consacrant au service des pauvres et des malades : « les peuples séparés de la communion romaine n'ont imité qu'imparfaitement une charité si généreuse » (XII, 346). *Le Siècle de*

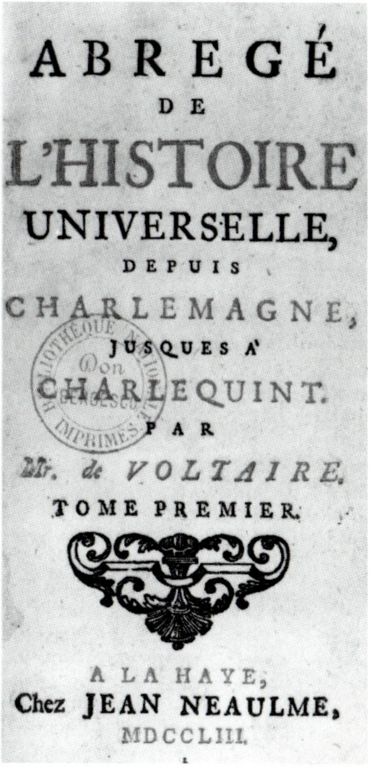
ABREGÉ
DE
L'HISTOIRE
UNIVERSELLE,
DEPUIS
CHARLEMAGNE,
JUSQUES A'
CHARLEQUINT.
PAR
Mr. de VOLTAIRE.
TOME PREMIER.

A LA HAYE,
Chez JEAN NEAULME,
MDCCLIII.

■ Édition pirate par Jean Neaulme (La Haye, 1753), sur un manuscrit dérobé à Voltaire, de ce qui deviendra l'*Essai sur les mœurs* : l'édition, peut-être falsifiée, attira de gros ennuis à l'auteur, traversant alors une période difficile. (Paris, Bibl. nat.)

Louis XIV et l'*Essai sur les mœurs* sont des livres de bon sens. G. Lanson avait raison d'en louer la critique, en général judicieuse. Les deux ouvrages ne procèdent pas de la même méthode : *le Siècle de Louis XIV* fut écrit sur documents, et l'*Essai* ne pouvait être qu'une synthèse de seconde main. Mais, dans l'un et dans l'autre, Voltaire élimine raisonnablement prodiges et merveilles impossibles ; il refuse de croire à l'héroïsme surhumain comme à la méchanceté inhumaine, quand ils ne sont pas prouvés par les documents. Il lui arrive de se tromper, parce que le vrai n'est pas toujours vraisemblable. Sa « philosophie » l'égare, lorsqu'il met en doute la prostitution sacrée de Babylone ou l'anthropophagie de certaines tribus « amériquaines ». Mais, au XVIIIe siècle, il était plus nécessaire de passer au crible tant de relations extravagantes, trop aisément accueillies, par exemple par un Montesquieu. Voltaire, en garde contre les égarements du cœur, sait dans quelles fabulations le sentiment peut engager l'imagination.

Il est donc à son affaire ici, puisqu'il s'agit, non d'inventer, mais de détruire les inventions des autres. Point de portraits, point de ces discours fictifs, imités des *contiones,* dont la tradition se maintenait encore. Pas d'abstraction non plus. « Au fait » est sa devise. Son récit historique ressemble aux narrations de Maupassant : aucune analyse psychologique, mais le détail concret qui dit tout. Voltaire écrit :

> Le pape, réfugié dans le château Saint-Ange, vit les canons de France tournés contre ses faibles murailles. Il demanda grâce. Il ne lui en coûta guère qu'un chapeau de cardinal pour fléchir le roi. Brissonnet, de président des comptes devenu archevêque, conseillait cet accommodement qui lui valut la pourpre (XII, 174).

Même quand il prend une vue d'ensemble, il évite de recourir à la formule abstraite. Veut-il caractériser la vie de cour au XVIe siècle, délicate et cruelle à la fois ? Il dit :

> Cette politesse brillait même au milieu des crimes : c'était une robe d'or et de soie ensanglantée (XII, 219).

Ce refus de l'abstraction est d'autant plus méritoire que l'objet de sa recherche historique est la civilisation. L'auteur d'une histoire universelle périt sous les détails s'il n'adopte pas un parti tranché. Bossuet avait choisi la « suite de la religion ». Voltaire raconte une « suite de la civilisation ». Mais qu'est-ce que la civilisation? N'est-ce pas une notion passablement confuse? Voltaire précise : la civilisation, c'est d'abord ce qui s'appelait, en son temps, le « luxe ». Balzac fera, vers 1830, une révolution en introduisant les « tuyaux de cheminée » dans le roman. Ces tuyaux de cheminée avaient fait antérieurement leur entrée dans l'histoire de Voltaire. Voltaire pose à Clio ces questions incongrues : comment se chauffaient les hommes? quelles maisons habitaient-ils? de quel tissu étaient faites leurs chemises, et combien en avaient-ils? en quoi étaient leurs assiettes? qu'y mangeait-on ?... Quel matérialisme, dira-t-on! Un historien qui a des idées si basses ne songe qu'à ses aises. Mais qu'y faire? La vie humaine est tout enfoncée dans ces misères.

On aurait tort pourtant de voir en Voltaire le précurseur d'un « matérialisme historique ». Il est bien persuadé que *mens agitat molem*, que l'histoire de la civilisation n'est autre que l'histoire de l'esprit humain. Mais Voltaire ne veut, et aussi bien ne peut, connaître cet esprit que dans ses activités concrètes : les arts manuels mais aussi les beaux-arts le manifestent. Voltaire s'enquiert donc de la musique, de la peinture, de la poésie surtout :

> Une preuve infaillible de la supériorité d'une nation dans les arts de l'esprit, c'est la culture perfectionnée de la poésie.

Il ajoute : non pas de « cette poésie enflée et gigantesque », celle des « sauvages ivres », mais de « cette poésie sage et hardie, telle qu'elle fleurit au temps d'Auguste, telle qu'on l'a vue renaître sous Louis XIV » (XI, 215). Voltaire est très peu dilettante. Assuré que son goût est le bon, il juge sans appel. Il est bien éloigné de ce scepticisme qui reconnaît à chacun sa vérité. Il fait l'histoire des idées humaines, c'est-à-dire des philosophies et des croyances religieuses : point de vue vraiment moderne que celui qui ramène l'histoire de la civilisation à celle de la technique, de l'art et de la religion. Mais ce qui n'est pas moderne, c'est le dogmatisme classique auquel Voltaire reste très attaché : Dieu existe, et le Vrai, le Bien et le Beau, émanant de Dieu, sont uniques, encore que la « coutume » leur donne des formes différentes selon le temps et le lieu. Voltaire ne procède pas, comme Toynbee, à un recensement et à une classification des civilisations. Parce qu'il n'existe qu'une civilisation, il s'agit seulement de savoir où elle est et où elle n'est pas. Sur ce point, Voltaire n'a aucun doute : depuis le siècle de Louis le Grand, ou, si l'on veut, depuis la Renaissance italienne, la civilisation est en Europe. Voltaire reprochait à Bossuet d'avoir oublié les Chinois, d'avoir expédié trop vite Indiens et Arabes. Il leur fait, lui, une place dans son exposé ; mais il n'admet pas pour autant un pluralisme de civilisations. Tout s'organise autour de l'axe européen. Et comment, au XVIIIe siècle, en pleine ascension de l'Europe, un historien européen eût-il pu envisager autrement l'histoire du monde ? Voltaire a déjà du mérite à reconnaître que d'autres peuples ont ébauché cette civilisation qui s'épanouit à Paris, à Londres, à Amsterdam, à Berlin, à Saint-Pétersbourg.

■ Le Voltaire de Pigalle, par souscription des gens de lettres et philosophes. Voltaire, en nu à l'antique, tient à la main une plume. Pigalle vint à Ferney pour la tête. Le corps fut sculpté d'après un vieux soldat des Invalides. (Paris, musée du Louvre.)

Historien philosophe, Voltaire s'interroge sur les causes. On lui a reproché de se complaire dans un système qui dénoterait la légèreté de son esprit : l'explication par les « petits faits ». La duchesse de Marlborough renverse un verre d'eau sur la robe de Mme Masham et, dit-il, « la face de l'Europe » est changée... Certes, Voltaire a un tour d'esprit journalistique. C'est lui qui mit en circulation l'anecdote de la pomme de Newton. Il plaît assez, en outre, à ce dénigreur de montrer à quels hasards tiennent les grands événements. La cause de la Réforme de Luther ? Tout simplement une rivalité entre dominicains et augustins :

> Ce petit intérêt de moines, dans un coin de Saxe, produisit plus de cent ans de discordes, de fureurs et d'infortunes chez trente nations (XII, 283).

Pourquoi tant reprocher à Montesquieu son « esprit sur les lois », quand on fait soi-même de l'esprit sur l'histoire ? Lisons pourtant le chapitre suivant, nous verrons qu'il énonce quelques-unes des causes véritables de la Réforme. Quand Voltaire est de sang-froid, il sait bien que les « petits faits » ne sont que les occasions des grands changements. Philosophe vraiment, il explique l'histoire, dans l'*Essai sur les mœurs*, par « l'esprit du temps ». « C'est lui, dit-il, qui dirige les grands événements du monde » (XII, 49). Reportez-vous à « l'esprit du temps », et vous comprendrez les croisades, la mission de Jeanne d'Arc, la Réforme.

Mais quelles causes modifient cet « esprit des hommes » ? Répugnant aux systèmes, Voltaire est assuré que chaque moment historique est unique. La même cause n'agit jamais deux fois, ou ne produit pas deux fois les mêmes conséquences. Variant donc ses explications, Voltaire attribue, assez pauvrement, l'épanouissement littéraire de l'Italie renaissante aux qualités de la langue toscane. Mais il présente les progrès de la « politesse » sous Louis XIII et Louis XIV comme un effet de la centralisation monarchique : l'esprit de faction disparaît, l'élite de la nation se rassemble à Paris, des salons s'ouvrent où se forment, auprès des femmes, les jeunes gens et les écrivains ; c'est que du centre de

l'État rayonne désormais la vie de tout le royaume. Et à qui doit-on ce « changement dans le gouvernement » ? Au grand roi, à Louis XIV.

Voltaire attribue une importance décisive à l'action des grands hommes. Ce sont eux qui font les grands siècles. La civilisation n'est pas, en effet, l'état naturel de l'humanité :

> Les hommes ont vécu longtemps comme le reste des animaux, ayant souvent à peine le couvert et la pâture. [...] (XII, 375)

L'état de « pure nature » n'est que ce « premier état d'ignorance et de grossièreté » (XI, 162). La civilisation a été conquise sur la brutalité ancestrale, et par qui ? par les grands hommes. Le grand homme selon Voltaire, c'est Louis XIV. C'est peut-être plus encore, parce qu'il eut la tâche plus rude, Pierre le Grand. Dans les steppes des anciens Scythes, ce génial despote a maté la bête humaine ; il a pris ces popes puants, ces boyards velus comme des ours, et en a fait des hommes, c'est-à-dire des « honnêtes gens ». Mais le héros préféré de Voltaire est Henri IV, qu'il appelle Henri le Grand. On objectera à l'historien de la civilisation que ce règne fut l'une des époques les plus barbares de notre histoire, et que le Béarnais eut à peine le temps d'ébaucher les réformes qui auraient ranimé les arts et les lettres. Précisément, Voltaire aime ce héros, de *la Henriade* à l'*Essai sur les mœurs* où il tient une place relativement considérable, parce qu'il a lutté contre le pire déchaînement des forces mauvaises : l'anarchie féodale, la férocité des factions, la superstition, le fanatisme... Ce roi gaillard est le champion du grand conflit voltairien, que nous retrouvons ici, celui de la Raison contre les puissances sombres.

Voltaire ne ressemble pas à Hermagoras, l'érudit de La Bruyère qui avait « presque vu » la tour de Babel, mais ne connaissait pas Versailles. Voltaire fait de l'histoire en pensant au présent. Tendu vers l'action, il cherche dans le passé des leçons, mieux : des armes.

■ Henri IV accueille Voltaire aux Champs-Élysées. Gravure de 1780. (Paris, Bibl. nat.)

Voltaire est né politique. Organiser, monter des intrigues, orienter les forces, tourner les esprits dans un certain sens, voilà ce qu'il ne cesse jamais de faire, en écrivant ou autrement. Il s'est moqué des doctrinaires qui régissent les empires du haut de leur grenier. Il sait un peu, lui, ce qu'est le gouvernement des hommes. Il a hanté les coulisses du pouvoir, tant qu'il a vécu à Paris. On l'a chargé de missions auprès de Frédéric II. Il s'est mêlé des troubles de Genève. Il a proposé au ministre de la Guerre français et à Catherine II les plans d'un char d'assaut. Il a dépensé ses dernières forces dans les affaires du petit pays de Gex. Ferney était son royaume, et Gex sa zone d'influence. Il s'y heurtait aux intérêts que ses entreprises menaçaient, aux vanités que sa popularité faisait souffrir. Pour comprendre Voltaire à Ferney, il faut lire *les Paysans* de Balzac. Cette hostilité atavique du manant contre l'homme du château, Voltaire l'a connue. Mais il a manié les intrigues de clocher avec un entrain que n'avait pas le châtelain de Balzac.

Trublion de sous-préfecture, mais aussi diplomate, agent secret, éminence grise des principales puissances de l'Europe, il a été tout cela tour à tour ou à la fois. Aurait-il fait un grand Premier ministre, un Zadig, du roi de France ou du roi de Prusse, comme il put en caresser l'ambition ? Il faut se garder de croire que les hommes auraient pu être vraiment autre chose que ce qu'ils ont été. Voltaire voit net – sauf quand ses préventions lui cachent la réalité. Il est un prodigieux réalisateur ? Oui, et un prodigieux brouillon : « Il se pavane, disait Frédéric II, et se croit fait pour la représentation ; ce vieux fou ne sait pas et ne s'aperçoit pas que jamais homme fut moins fait que lui pour négocier. » Voltaire manque d'esprit de suite. Dans les troubles de Genève, il a soutenu et trahi tous les partis : l'aristocratie des « Négatifs », la bourgeoisie des « Représentants », et le prolétariat des « Natifs ». Finalement, le duc de Choiseul lui intima l'ordre de ne plus s'ingérer dans des affaires qu'il embrouillait inextricablement. Il est trop opportuniste dans sa conduite comme dans ses écrits. Ah ! certes non, il n'écrivait pas pour donner des lois à la République de Platon. Mais avait-il même une « politique », comme ses rivaux Montesquieu et Rousseau ?

Si, pourtant. Les tendances de l'homme s'affirment aussi en politique. Voltaire méprise la tradition. Son article « Antiquité » du *Dictionnaire philosophique* insulte l'Antiquité. Ici reparaît le Voltaire qui n'a pas, qui ne veut pas avoir de passé. Cet ennemi du sentiment refuse la complaisance avec laquelle l'homme se penche sur son héritage, et sur l'héritage des nations. Il est peut-être le seul historien qui ait écrit l'histoire pour médire du bon vieux temps. Tenons compte aussi du spectacle que lui offrait la politique contemporaine : le cardinal Fleury, qui régnait encore sur la France à quatre-vingt-dix ans, réalisa des prodiges d'« immobilisme » que probablement aucun de nos gouvernements ne réussira jamais à égaler. La politique française au XVIIIe siècle est caractérisée par son impuissance à faire aboutir les réformes les plus urgentes. La législation sur les protestants est odieuse, et d'ailleurs inapplicable ; le régime fiscal est inique, et ruineux pour l'État : rien ne bouge. Soubise a remporté à Rossbach l'un des plus remarquables désastres de notre histoire militaire : il n'est même pas relevé de son commandement. Tant d'inertie pouvait faire bouillir l'impatient Voltaire. Il compare rageusement « ce qu'on ne fait pas et ce qu'on pourrait faire » : vous proposez à nos ministres un programme de grands travaux ; il ne les intéresse pas, parlez-leur plutôt de nos bons vins et de nos cuisiniers. « Que tout cela est welche ! » Le Français que Voltaire appelle le Welche est frivole, égoïste, sensuel, plein de mépris pour les lettres, apathique, superstitieux et, le cas échéant, féroce : c'est le Welche qui a roué Calas et décapité le jeune La Barre. On n'ose affirmer que ce type de Français ait été forgé de toutes pièces par l'imagination de Voltaire. Il faut croire que ses *Discours aux Welches* touchaient juste, puisqu'ils sont pour beaucoup dans la réputation qu'on

■ *Pages suivantes :* La bataille de Fontenoy par Pierre Lenfant (11 mai 1745) : à gauche Louis XV, à droite le maréchal de Saxe. Le *Poème* de Voltaire célèbre immédiatement cette victoire : *Que les Français sont grands, quand leur maître les guide.* (Versailles, musée du Château.)

lui a faite d'être un mauvais Français. Assurément, si le patriotisme consiste à s'aveugler sur les faiblesses de sa patrie, et à s'imaginer qu'elle est à l'avant-garde des nations quand elle reste à la traîne, Voltaire fut un très mauvais patriote. Il écrivait que la France était « le pays des madrigaux et des pompons ». Il mandait à un Anglais :

> On croit que les Français aiment la nouveauté ; mais c'est en fait de cuisine et de modes ; car pour les vérités nouvelles, elles sont toujours proscrites parmi nous : ce n'est que quand elles sont vieilles qu'elles sont bien reçues (I, 78).

Voltaire n'est pas patriote non plus, si le patriotisme exige que l'on se console de ses défaites en colportant des historiettes édifiantes :

> L'idée de réparer les désastres de la France par la grandeur d'âme de six habitants de Calais [...] est d'un énorme ridicule (XII, 21).

Mais il faut sentir le dépit qui perce dans les railleries de Voltaire sur Rossbach. Il existe en France deux sortes de patriotisme : le patriotisme béat, celui du Welche, et le patriotisme dénigrant, que Voltaire a très bien défini :

> On ressemble à celui qui voulait bien dire à sa femme qu'elle était une catin, mais qui ne voulait pas l'entendre dire aux autres (XL, 365).

Ce patriotisme-là est celui de Voltaire : il ne pouvait souffrir, disait-il, « les ricanements des étrangers, quand ils parlent de flottes et d'armées » (XL, 359).

Observons, au surplus, que, depuis Voltaire, le patriotisme français a été affecté par l'affaiblissement relatif de la France. À l'époque de Rossbach, le royaume de Louis XV était en Europe un colosse. Les flottes anglaises étrillaient la marine française ; mais, sur le continent, quel que fût le sort de nos armes, le territoire national ne courait pas grand risque. L'Europe alors était française. Le roi de Prusse parlait et écrivait le français mieux que le roi de France. Partout dominait la culture française. Il y aurait donc de l'injustice à reprocher à Voltaire de n'avoir pas connu ce nationalisme ombrageux des XIXe et XXe siècles, inspiré par la crainte de voisins puissants.

Quand on parle de la politique de Voltaire, on est tenté d'imaginer ce qu'il aurait pensé si, devenu centenaire, il avait assisté à la Révolution. Le plus vraisemblable est que, comme ses fils spirituels, de Villette, Condorcet, La Harpe, il eût finalement souhaité redresser ou arrêter un courant d'événements qu'il avait contribué à déclencher. C'était bien, en effet, « la faute à Voltaire ». Son œuvre avait répandu un état d'esprit révolutionnaire. Il avait habitué les Français à mépriser le passé et le présent. Était-il un réformiste ou un révolutionnaire, lui qui donnait cet avis :

> Voulez-vous avoir de bonnes lois ? Brûlez les vôtres et faites-en de nouvelles (XIX, 614).

On s'étonne parfois de la faveur que connaissait Voltaire en URSS. Cet étonnement est étonnant. L'esprit voltairien, très « progressiste », s'accordait assez bien avec celui de la révolution d'Octobre. Voltaire ne propose-t-il pas de faire table rase d'un passé odieux, et d'« édifier » une civilisation des « lumières » ? On s'aperçoit aujourd'hui que la révolution d'Octobre appartenait à une tradition russe, celle de Pierre le Grand : Voltaire a-t-il assez vanté le Lycurgue moscovite, pour avoir créé, *ex nihilo,* croyait-il, un peuple moderne ! Dans son enthousiasme, Voltaire oublie certains aspects fâcheux de la politique « progressiste ». Il passe avec une regrettable discrétion sur les crimes de Pierre Ier et de Catherine II...

Ses complaisances pour le despotisme « éclairé », son aristocratisme, lui ont été amèrement reprochés. Il faut avouer que Voltaire n'est pas « démocrate ». Il a pour le peuple, qu'il confond parfois avec « la canaille », une aversion qui surprend. Car ces petites gens qu'il méprise, non seulement il en est issu, mais il se sent de plain-pied avec eux. À Paris, il signe avec les voisins de sa rue une pétition au lieutenant de police contre une commère du quartier. Il se prend d'amitié pour ses valets de chambre, qu'il élève à la dignité de secrétaires. Et il a pu vivre avec une pécore comme la Denis ! Mais « le peuple n'a guère d'esprit ». Le peuple est naïf, crédule, moutonnier, il s'abandonne à la spontanéité passionnelle que Voltaire redoute tant. Voltaire voit le peuple partout complice des « fanatiques » ; « le vulgaire, dit-il, en tout pays est féroce » (XI, 472). Il en coûta la vie à Socrate d'avoir dit « à un boucher et à un orfèvre » ce qu'il ne devait confier « qu'à Platon et à Xénophon » :

> L'esprit d'une nation réside toujours dans le petit nombre qui fait travailler le grand, est nourri par lui, et le gouverne (XII, 433).

Voltaire est d'avis que « les hommes sont très rarement dignes de se gouverner eux-mêmes » ; il est donc partisan de la monarchie, et même de la monarchie absolue (XXXII, 596). Il lui est arrivé d'atténuer quelque peu son opinion. Historien, il sait bien que le gouvernement d'un seul devient « le pire sous un roi faible et méchant » ; il pense néanmoins qu'en général il est le meilleur. Sur ce point, Voltaire n'a pour ainsi dire pas changé : il y a un discours républicain dans *la Henriade,* mais il est débité par un « vil gladiateur », à la tête d'une « affreuse cohorte » (VIII, 123). À l'autre extrémité de cette longue carrière, les *Lois de Minos* associent l'éloge de la monarchie absolue à la satire du fanatisme. Teucer, héros de la pièce, prononce :

> Tout l'État est dans moi.

Voltaire a encensé les souverains les plus absolus de son siècle. Il a applaudi, en vers, en 1772, au coup d'État de Gustave III de Suède contre le Sénat :

> Un État divisé fut toujours malheureux (X, 448).

Le monarchisme fait partie de la « philosophie de l'histoire » de Voltaire. Il croit que « si le prince est un sot, le peuple est sans génie » (X, 437). Il exagère l'influence du monarque sur son royaume, et considère l'absolutisme des rois philosophes comme un moyen de progrès. Sans doute l'article « Démocratie » loue les républiques d'Athènes et de Genève : ce régime est moins porté à la cruauté que la monarchie. Mais « il ne semble convenir qu'à un très petit pays », ou à des peuplades primitives. Voltaire n'a jamais imaginé qu'un grand État policé pût n'être pas monarchique. Il exagère même, dans la Constitution anglaise, qu'il connaît mal, le pouvoir du roi. En France, le régime monarchique est nécessaire, tant à cause de l'étendue du territoire que du caractère national. L'état *naturel* de la France est l'anarchie : voyez ce qui se passa au temps de la Ligue, et ce qu'il advient, chaque fois que, pendant une régence, le pouvoir est affaibli. Les factions alors, surtout les factions religieuses, se dressent les unes contre les autres ; le pays retourne au chaos féodal. Il faut qu'un « Bourbon », ou qu'un Louis le Grand vienne imposer à tous la loi de l'État. Seul parmi les philosophes, Voltaire a applaudi à l'acte d'autorité de Maupeou qui supprimait la caste des parlements et la remplaçait par une magistrature de fonctionnaires. Sans conteste, Voltaire est l'un des grands représentants de la politique centralisatrice ; à cet égard, il est, avant la lettre, un « jacobin ».

Mais il ne l'est plus, quand il parle de l'égalité. Lisons l'article du *Dictionnaire philosophique* : Voltaire reconnaît que l'égalité est naturelle à l'homme, mais il ajoute que l'inégalité est indispensable à l'ordre social. Un État doit contenir « une infinité d'hommes utiles qui ne possèdent rien du tout ». Le seigneur de Ferney ne se fait pas d'illusions sur les hommes, ils ne travaillent que pressés par le besoin : « Certainement un homme à son aise ne quittera pas sa terre pour venir labourer la vôtre. »

Il faut que la masse uniquement occupée du travail des mains soit maintenue à la limite de l'indigence.

Voltaire a établi une école à Ferney : il le regrette presque. Il dit à Damilaville (XLIV, 256), il répète dans l'article « Fertilisation », que les enfants du peuple n'ont point besoin d'instruction : apprenez-leur à lire et à écrire, ils déserteront une besogne, pénible mais nécessaire, pour exercer à la ville un métier de plume ; « et si vous avez besoin d'une paire de souliers, ce ne sera pas un maître des requêtes qui vous la fera » (XVIII, 477).

Ces opinions de Voltaire, aujourd'hui si choquantes, sont à rapprocher de celle d'Aristote sur l'esclavage. Voltaire parle en propriétaire d'un pays où sévit l'exode rural. Il voit que les paysans gessois placent leurs filles à Genève, et y émigrent eux-mêmes à la première occasion. La culture des terres était délaissée, en un siècle où la machine n'avait pas encore suppléé le bras de l'homme : le labour, les semailles exigeaient des travailleurs nombreux, la moisson mobilisait une véritable armée. Il faut retenir l'homme à la terre, « parce qu'on n'a besoin que d'une plume pour deux ou trois cents bras ». Pour l'exemple, le patriarche laboure chaque année, de ses vieilles mains, un coin de sa terre, comme l'empereur de Chine. Dans les dix dernières années de sa vie, Voltaire fait de la propagande pour l'agriculture. Il proteste contre les rêveurs physiocrates qui veulent que les cultivateurs seuls paient l'impôt, sous prétexte que toute richesse vient de la terre. Il fait lever la barrière douanière qui séparait le pays de Gex et Genève, son débouché naturel. Tous ses essais agronomiques ne réussirent pas. Il planta de la vigne dans un terrain qui ne lui convenait pas. Ses arbres fruitiers périrent de froid, ou furent volés par les miséreux du canton qui les vendaient à Genève comme bois de chauffage. Mais l'élevage prospéra. Et les capitaux que Voltaire apportait dans un pays pauvre provoquèrent un remarquable développement économique, dont un signe évident était l'accroissement de la population.

Il ne faut pas abuser des opinions antidémocratiques de Voltaire au point d'en faire un patron des doctrines d'oppression. Quand la Restauration restaura la statue

équestre de Henri IV, sur le Pont-Neuf, on enferma dans le ventre de l'animal un exemplaire de *la Henriade*. C'était une tentative de détournement. Le despotisme dont rêvaient les ultras et la Congrégation étaient précisément celui que Voltaire détestait, celui de Philippe II. L'*Essai sur les mœurs* oppose « la valeur et la franchise de Henri IV » à la politique de ce « tyran laborieux,

■ *Voltaire et les paysans*, vers 1765-1772, par Huber, peinture à l'huile. (Nantes. Musée des Beaux-Arts.)

sombre et dissimulé » (XII, 553). Voltaire ne tresse des couronnes qu'au despotisme « éclairé ». Voltaire ne loue jamais Alexandre, César, Henri IV, Louis XIV, Pierre le Grand, Frédéric II, Catherine II, d'avoir maintenu une tradition, conservé ou restauré le passé. Il les célèbre comme les artisans autoritaires du progrès. Ne jugeons pas Voltaire en fonction d'un état des choses qu'il ne pouvait pas prévoir. Au XVIIIe siècle, le despotisme éclairé était la seule politique progressive. Il y avait à choisir entre le despotisme éclairé et celui qui ne l'était pas, les institutions anglaises n'exerçant pas encore une grande influence sur le continent. Il est certes fâcheux que Voltaire ait attribué à ses souverains préférés un désintéressement qu'ils n'avaient pas. On regrette qu'à grands cris il ait encouragé la tsarine à entrer en Pologne. On avait flatté sa vanité et il s'imaginait que les troupes d'intervention se contenteraient de mettre à la raison les « fanatiques ». Il fut bien penaud d'apprendre que ses rois prétendus philosophes avaient partagé leur proie. L'affaire ne fait pas honneur assurément à la politique de Voltaire. Elle permet cependant de distinguer entre l'idéalisme du patriarche et le cynisme des puissances « co-partageantes ».

Voltaire n'a pas de doctrine fixe. Sa « pensée », ce sont seulement les idées auxquelles il revient le plus volontiers, c'est-à-dire un ensemble faiblement organisé, et un peu flottant. Son inaptitude à la synthèse empêcha Voltaire de poser correctement la question politique. Il est ici très inférieur à Montesquieu.

■ *Ci-dessus :*
Montre en or
de la manufacture Dufour
et Céret de Ferney.

■ *Ci-contre :*
Boîtier ouvert
et mécanisme apparent.
(Paris, musée du Louvre.)

L'*Esprit des lois* aborde de front le problème le plus important qu'ait à résoudre la science politique : il faut, d'une part, que l'État ait de l'autorité, et les citoyens veulent, d'autre part, jouir de la liberté la plus large. Est-il possible que le pouvoir s'exerce efficacement, sans que le corps politique soit réduit en esclavage ? Montesquieu a vu qu'il ne s'agissait pas de concilier théoriquement des contradictoires, mais que c'était un problème d'institutions. Ce problème, Voltaire ne le pose pas. Il réclame un pouvoir fort, mais il n'en veut faire qu'à sa guise. Il est inconséquent, comme la plupart des hommes ; comme eux, il se détermine en politique d'après ses intérêts et son humeur. Il aime l'activité cynique et réalisatrice, il applaudit donc aux entreprises des despotes éclairés qui le cajolent. Mais ce thuriféraire de Louis XIV et de Catherine II ne pouvait pas respirer d'autre air que celui de la liberté. Comme le libre arbitre est « la santé de l'âme », la liberté est pour lui « le premier des biens » (XX, 554). Il aime l'Angleterre parce que dans ce pays on est libre : « *Liberty and property*, c'est le cri anglais [...], c'est le cri de la nature » (XX, 291).

C'est, plutôt, le cri du bourgeois, qui ne se sent libre que quand il possède. Voltaire jouit de ses Délices parce que, dit-il, « mes vergers, et mes vignes, et moi, nous ne devons rien à personne » (XXXIX, 199). Fils de notaire, arrière-petit-fils de paysan, il a l'instinct de la propriété. À Ferney, il se plaint que l'Intendant ne laisse pas assez d'indépendance aux seigneurs des terres. Capitaliste, il estime tout naturel d'user d'une liberté entière. Il installe à Versoix, puis à Ferney, des horlogers réfugiés de Genève. Il leur prête de quoi travailler, moyennant intérêts. Tout le monde y trouve son profit, sauf les sots et les paresseux, mais tant pis pour ceux-là. Voltaire se fût sincèrement indigné qu'on lui reprochât d'exploiter les travailleurs. Il se donne au contraire beaucoup de peine pour placer les montres de ses artisans, concurrents de l'horlogerie genevoise. Il use de ses hautes relations pour les vendre à Versailles

De la même manufacture, montre en or et émail avec sa châtelaine. La scène représente Vertumne et Pomone, d'après Ovide. (Paris, musée du Louvre.)

et ailleurs, puis pour les faire payer. Presque à chaque envoi, il écrit au responsable des postes, afin de lui recommander l'expédition. Quand une de ces entreprises est menacée de faillite, il n'hésite pas à lui faire les avances nécessaires. Il fait donc fructifier ses capitaux avec une totale tranquillité de conscience et une grande audace d'entreprise. Il ne voit que les bienfaits répandus par les affaires qu'il brasse. En un temps où l'industrie était encore artisanale, il n'a connu qu'une seule des conséquences inhumaines de l'expansion économique : l'esclavage dans les plantations d'Amérique. Voltaire possède des actions de la Compagnie des Indes, qui fait la traite. Il spécule sur le commerce de Cadix avec le Nouveau Monde. Il est donc complice. Mais il n'en a pas conscience ou n'en est pas gêné. Il attaque avec sa virulence des bons jours cet attentat monstrueux contre les droits de l'homme. Il a élevé la voix contre l'esclavage avec plus de force même que Montesquieu qui, actionnaire lui aussi de la Compagnie des Indes, affaiblit sa protestation par les considérations dont il l'entoure.

Il y a en Voltaire un goût très vif de l'amitié humaine. Tous ceux qui l'ont fréquenté familièrement l'ont aimé. Il mettait dans son commerce avec ses intimes un charme, une chaleur, une bonté auxquels on ne résistait pas. « Il aime à aimer », disait Mme du Châtelet. Une des confidences les plus sincères qu'il ait faites est celle-ci :

> Quiconque avec moi s'entretient
> Semble disposer de mon âme (II, 538).

Pourquoi, à Strasbourg, descend-il dans une auberge aussi mauvaise que *L'Ours blanc* ? Parce qu'il l'a promis au fils du patron, valet rencontré à l'étape de Mayence, dont la gentillesse avait conquis le cœur du grand homme. Il y a à parier qu'il se fût réconcilié avec Jean-Jacques, si Jean-Jacques avait accepté son invitation de venir vivre avec lui. Mais peut-être eût-il fallu que Jean-Jacques ne fût pas homme de lettres...

■ Supplice chez les Hébreux, illustration du *Commentaire littéral* de la Bible par Dom Calmet. (Paris, Bibl. nat.)

Tout ce qui mutile son prochain, dans sa chair ou dans son être moral, fait souffrir Voltaire. Il déteste les juifs ; mais après une diatribe furieuse, il se souvient qu'ils sont hommes, et il ajoute : « Il ne faut pourtant pas les brûler » (XIX, 521).

C'est parce que l'image de la torture lui est intolérable qu'il en réclame avec véhémence l'abolition. Quelle horreur que de faire souffrir mille tourments à un homme qui peut être innocent ! Et quelle infamie que d'appliquer encore, au Siècle des Lumières, des châtiments barbares, d'ailleurs mal proportionnés aux délits. Voltaire frémit des supplices qui « font frémir la nature ». Sa sensibilité exige que les hommes, ses semblables, aient droit de respirer, de vivre, d'être heureux.

Quand il lit, sous la plume de Linguet, ce qu'il a dit lui-même, qu'il ne faut pas instruire le peuple, sa générosité naturelle proteste : il faut permettre aux artisans des villes de lire ; « non, monsieur, tout n'est point perdu quand on met le peuple en état de s'apercevoir qu'il a un esprit » (XLV 164). Voltaire a dit qu'il fallait maintenir dans le dénuement la foule qui travaille ? Il a dit aussi que le paysan devait posséder la terre qu'il cultive (XX, 291). Il a réclamé l'affranchissement des serfs de Saint-Claude, misérables ilotes, asservis, pour comble de honte, à des moines. Il a réclamé la liberté pour les esprits. Qu'on laisse donc les gens de lettres imprimer leurs rêveries ; qu'on permette à chacun d'adorer ou de ne pas adorer Dieu à sa manière. Ce Voltaire, si méchant souvent, caresse la chimère d'une humanité réconciliée, d'une Pennsylvanie universelle, où les « amis » vivraient dans la paix retrouvée d'un jardin d'Éden. C'est cette générosité utopique qui anime sa campagne pour la tolérance et son apostolat pour la religion naturelle, religion vraiment « catholique » qui sera, pense-t-il, la religion de l'avenir. C'est ce feu en lui qui purifie bien des misères.

Voltaire n'écrit que de l'homme. Le titre de Pope, *Essai sur l'homme,* conviendrait à son œuvre. Il traite de l'homme en philosophe, en historien qui lit des livres. Il en traite en homme qui manie les hommes. Il en traite aussi en homme qui se sent vivre. Malade, il a une expérience organique de la vie humaine. Parmi les méthodes d'explication, celle qui expliquerait Voltaire par la maladie ne serait pas la plus mauvaise. Elle serait justifiée par les propos de Voltaire lui-même. Il répète :

> Bonne ou mauvaise santé fait notre philosophie (XLVIII, 107, 491).

Il arrive que Voltaire joue la comédie de la maladie ; dans la liste de ses rôles, n'oublions pas le malade imaginaire. Mais il interprète ce rôle comme les autres, d'autant mieux qu'il était un vrai malade. Ses premières lettres, datées du collège, parlent déjà de maladie. Ceux qui le voyaient pour la première fois étaient effrayés par sa maigreur fébrile. Quel était son mal ? Un mauvais équilibre glandulaire ? Il n'avait au menton que quelques poils, qu'une pince suffisait à arracher. Ou bien une entérite chronique ? Il est sûr qu'il ne digérait pas. Mais dans ses dernières années il souffrit surtout d'une maladie des voies urinaires, dont il mourut. Le diagnostic, que n'avait pas su faire Tronchin, a été établi de nos jours par Jacques Bréhant et Raphaël Roche : adénome ou cancer de la prostate. Toute sa vie, les répercussions du physique de Voltaire sur son moral sont apparentes. Sa machine douloureuse le rend irritable. Il est maintenu par son organisme dans un état d'émotivité nerveuse. Il se sent continuellement menacé du dedans. Il se presse de jouir, il se presse de vivre. Il est exposé à des accès de mélancolie. Il se plaint fréquemment de sa « langueur ». Son valet Longchamp a décrit une de ses crises d'anéantissement : le 10 septembre 1748, Voltaire a quitté Paris avec de la fièvre ; il ne peut pas atteindre Lunéville ; il s'arrête à Châlons, les membres paralysés, agonisant. Il supplie Longchamp de ne pas l'abandonner ; il ne veut pas mourir dans une auberge. Longchamp remet donc ce corps léthargique dans le carrosse, craignant à chaque instant qu'il ne passe entre ses bras. Voltaire ne reprend conscience, à Lunéville, qu'au bout de plusieurs heures.

Cet accès, qui n'était pas le premier, ne fut pas le dernier. Voltaire a l'expérience du « vide intérieur », et tout ce qu'il écrit sur l'homme s'en ressent. Qu'est-ce que l'âme ? Un mot. Descartes était absurde de prétendre qu'une substance nommée âme existait qui ne cessait jamais de penser. La vérité est que l'homme a des idées de temps en temps. Son esprit clignote, puis s'éteint quand le corps s'endort ou s'évanouit. D'où viennent ces lueurs fugitives ? Certainement pas de l'homme, mais d'une source inconnue, qui ne peut être que Dieu. Voltaire a résumé la philosophie de Newton en une phrase de mauvais latin : *Procedes huc, et non ibis amplius.* Il veut dire par là que l'attraction est une donnée brute, décrétée arbitrairement par l'Architecte suprême ; l'homme constate le phénomène, sans pouvoir le comprendre dans un système déductif. Voltaire a mis dans son *Dictionnaire* un article « Bornes de l'esprit humain ». Voltaire n'est pas un scientiste. Il n'espère pas que le savant découvre jamais le secret des choses. La raison a été donnée à l'homme pour qu'il agisse, et non pour qu'il connaisse les attributs de Dieu, la nature de la matière, de la vie, ou de la pensée. Et aucune Révélation n'a suppléé à l'insuffisance de la raison. L'homme borné baigne dans l'inconnaissable. Voltaire donc s'irrite à la frontière de la science possible. Il tourne et retourne les grandes questions qui n'ont pas de réponse, et de dépit il invective l'impuissante métaphysique. Voltaire ne peut atteindre qu'une certitude ; c'est qu'un au-delà existe qu'il appelle Dieu. Le déisme obstiné de Voltaire est entretenu par son exaspération des limites humaines.

Au XVIIIe siècle naît l'idée d'évolution. Elle s'insinue dans des têtes chimériques, celle du consul de Maillet, par exemple. Diderot s'en empare comme d'une hypothèse excitante. Buffon, comparant les anatomies, est sur le point de la formuler scientifiquement. Le transformisme sera enfin énoncé en 1800 par Lamarck, disciple de Buffon. Mais Voltaire n'a pas préparé cet événement. Il a fait venir de Touraine une caisse de ce falun qu'on lui dit composé de coquillages fossiles. Catherine II lui a mandé qu'on trouvait des os d'éléphants dans les glaces de Sibérie. Rien n'y fit. Le vieillard s'entêta à penser que les terres et les mers avaient été agencées par le grand Architecte comme nous les voyons, et que les espèces avaient été créées là où elles sont encore. Voltaire pourtant a préparé ses lecteurs à accueillir l'idée d'évolution par ce qu'il écrit de l'animal humain. Au XVIIIe siècle les esprits sont retenus par la crainte d'être obligés de ranger l'homme dans la catégorie animale. Allions-nous déchoir de notre rang de créature privilégiée, à qui Dieu, selon la Genèse, présenta les bêtes pour qu'il les nommât ?

■ Voltaire, à son lever, en enfilant sa culotte, dicte à son secrétaire Wagnière, par Huber. (Paris, musée Carnavalet.) Il existe plusieurs variantes de cette scène. Dans l'une d'elles, on voit entrer, au fond à gauche, la servante apportant à Voltaire sa chemise.

Buffon a le courage de comprendre l'homme dans la revue des espèces vivantes de son *Histoire naturelle*. Mais il sauve notre dignité par la majesté du style. On a dit que Buffon, pour décrire l'homme, s'était regardé au miroir ; son homme est un animal solennel, qui porte manchettes. Voltaire avait bien autrement scandalisé le lecteur. Sa XIIIe *Lettre philosophique* assurait que les bêtes ne sont pas de pures machines, « que Dieu a donné aux organes des bêtes, qui sont matière, la faculté de sentir et d'apercevoir, que vous appelez instinct dans elles », et qu'il a communiqué « à nos organes plus déliés cette faculté de sentir, d'apercevoir et de penser que nous appelons raison humaine ». Il faut faire effort aujourd'hui pour comprendre la monstruosité de ces propositions. En 1734, tant de matérialisme révolta. « Ah ! monsieur, répondit le P. de Tournemine, notre esprit souffre impatiemment qu'on le dégrade [...]. N'enfoncez pas dans la matière un esprit que Dieu en a si dégagé. » Qu'eût dit le P. de Tournemine s'il avait pu lire le début du *Traité de métaphysique* ? Un être céleste descend dans le pays de la Cafrerie ; il examine « un enfant nègre de six mois, un petit éléphant, un petit singe, un petit lion, un petit chien » ; il trouve d'abord que l'enfant est celui qui a le moins de force, le moins

■ Voltaire affalé dans un fauteuil. Découpure de papier par Huber. (Genève, Institut et musée Voltaire.)

d'idées, le moins de mémoire. Bientôt l'enfant rejoint et dépasse les autres animaux ; quand l'être céleste a constaté « le petit degré de supériorité » que les « animaux nègres » ont « à la longue » sur les singes et les éléphants, il définit ainsi l'homme :

> L'homme est un animal noir qui a de la laine sur la tête, marchant sur deux pattes, presque aussi adroit qu'un singe, moins fort que les autres animaux de sa taille, ayant un peu plus d'idées qu'eux, et plus de facilité pour les exprimer ; sujet d'ailleurs à toutes les mêmes nécessités, naissant, vivant et mourant tout comme eux (XXII, 191).

Ce n'est pas l'histoire naturelle qui oblige Voltaire à réintégrer l'homme dans le règne animal. C'est le Voltaire ennemi de lui-même, le Voltaire malade, exaspéré par les grands airs des sots, qui rappelle l'homme à la vérité de sa nature : non pas *memento quia pulvis es*, mais *memento quia animal es*.

Quelles fins donc proposer à l'homme ? Des fins terrestres. Cet animal a été mis sur la terre pour la cultiver. Que veut-il ? Il veut vivre d'abord, et jouir ensuite. Ces besoins impérieux de sa nature ont créé, avec le temps, toute la civilisation, y compris les tragédies de Racine.

L'homme émerge tout de même de l'animalité par un côté. Voltaire reconnaît qu'il a reçu une portion d'idées exceptionnellement considérable. Le propre de l'homme, c'est sa raison. Faire l'homme, c'est exercer sa raison. Voltaire assigne à l'homme le devoir de préserver cette part la meilleure de lui-même. L'animal doué de raison a un combat à mener contre les rêveries, les illusions, la « coutume », le sentiment. Que l'homme sorte de son petit horizon, de ses petits préjugés, de sa petite routine d'habitudes. Qu'il ose être « citoyen du monde » (XXVI, 583). Voltaire fait la guerre à ce que l'on appelait en son temps les « espèces ». Lefranc de Pompignan, « petit bourgeois d'une petite ville », est une « espèce ». Le dévot convulsionnaire, qui « court chez *sa* béate à son cinquième étage », en est une autre. « Espèce », le juif usurier, attaché à ses traditions bizarres. Voltaire ne veut point que l'on « s'enracine ». C'est Jean-Jacques qui invite ses lecteurs à s'enfermer dans des traditions antiques. Le citoyen de Genève savoure la tiédeur des « asiles ». Perfides délices, où la raison se perd dans les fumées d'un labyrinthe. Voltaire, comme le *Thésée* de Gide, nous crie de « passer outre ». « Passer outre », toute sa vie Voltaire n'a fait que cela. Insaisissable, cosmopolite, toujours en éveil, Voltaire, entre Montaigne et Gide, a vécu et défendu la leçon humaniste. Il est resté, quand ce n'était plus la mode, l'« honnête homme », propre à rien sans doute, mais par là même propre à tout, et constamment disponible.

La vie de Voltaire n'est pas édifiante. Ses admirateurs qui veulent défendre ses mœurs ont la tâche difficile. Ils s'indignaient, naguère, que l'on pût mettre en doute le caractère strictement avunculaire de ses relations avec sa nièce. Mais les documents, c'est-à-dire les *Lettres d'Alsace* publiées en 1938, ont donné raison aux ennemis de Voltaire. Mme Denis était facile, et elle avait des démangeaisons littéraires : elle travaillait à une pièce de théâtre dont, seule, elle ne viendrait jamais à bout. Elle fit donc des grâces à l'oncle pour qu'il voulût bien s'occuper de l'esquisse informe. La chose se passait vers la fin de la période de Cirey. Voltaire n'était plus jeune ; il devait craindre au moins le scandale d'amours entachées d'inceste. Mais il n'était pas homme à se laisser arrêter par ces considérations. Il réussit ce coup double : il fit rentrer dans le néant une comédie qui eût donné trop beau jeu à ses ennemis ; et il se jeta sur la proie qui s'offrait. Désormais la nièce-maîtresse est installée dans sa vie. Frédéric II en fut, paraît-il, jaloux. Voltaire vole vers Francfort pour y rejoindre sa « chère Rosalie » ; il a prétendu que les mauvais traitements de Freytag étaient principalement destinés à cette respectable dame. La Cunégonde de Voltaire-Candide, c'est Mme Denis.

Tout cela nous gêne. On eût préféré qu'il choisît une autre partenaire ; comme on eût aimé qu'il menât ses affaires d'argent avec plus de dignité. Quel besoin avait-il, en 1750, de spéculer clandestinement, avec la complicité du juif Hirschel, sur les actions de la *Steuer* ? Ne pouvait-il se dispenser, à Genève, d'user de son crédit pour salir les gens qui lui déplaisaient, ou simplement le gênaient ? Soupçonnant le libraire Grasset de préparer une édition de *la Pucelle,* il lui tend un traquenard, le fait jeter en prison, et va criant partout que ce Grasset est un escroc.

Voltaire pourtant n'est pas un homme méchant. Ses vilenies ne procèdent pas de malice. Mais il ne sait pas résister au plaisir qui s'offre, ni au gain qu'il voit à portée de main. L'instant d'après, il sera bon, et très bon. Il fait le bien, comme le mal, par impulsion. Il se livre à des transports de haine ou d'amitié : c'est la rage qui l'anime, ou bien il suit son goût très vif de la sympathie humaine. L'explication, en excusant ses fautes, retire, il est vrai, tout mérite à ses bienfaits. Voltaire est bon,

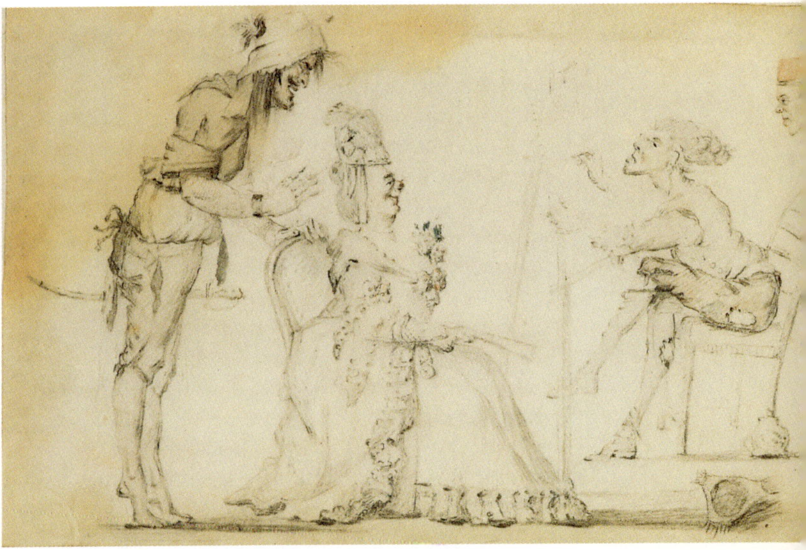

■ Par Huber : Liotard faisant le portrait de Mme Denis. (Genève, Bibl. publique et universitaire.)

quand il l'est, sans le vouloir. Il ne cherche dans la bienfaisance qu'une jouissance de sensibilité. Il est moralisateur, comme on l'est au XVIIIe siècle ; et il l'est surtout là où il ne faudrait pas, dans ses comédies. Mais il n'est pas moral. Il ne ressemble point du tout à ces gens de bien qui ont une conscience si aiguë de leur excellence qu'ils en deviennent fort méchants pour leur prochain. Il n'est pas de ceux qui, à force de sauver leur âme, finissent par la perdre. Il a le mérite, négatif mais réel, de n'être pas vertueux.

Reconnaissons-lui encore un autre mérite, positif celui-là. Par un certain côté, cette vie fut exemplaire : Voltaire ne tomba jamais dans l'esclavage intérieur. Il aimait l'argent, le plaisir, le « luxe » ; il était l'homme d'un parti. Et pourtant son âme resta libre, libre des entraves de l'habitude, libre de la servitude intellectuelle de l'homme qui s'est consacré à ses idées. Il faut voir, par exemple, comment il manie ses finances. Qu'on n'aille pas imaginer un avaricieux balzacien, un Grandet qui tondrait un œuf. Voltaire est un spéculateur. Il joue avec l'argent. Foin des placements de père de famille ! Il met ses fonds dans des affaires comme le commerce de Cadix, où l'on peut gagner gros, mais aussi bien perdre tout le capital engagé. Il lui arriva à toutes les périodes de sa vie d'essuyer de grosses pertes. Plus prudent dans ses vingt dernières années, quand il transforma une partie de sa fortune en biens-fonds et en viagers, il gardait cependant le goût de l'aventure financière. À sa mort, de grosses sommes à lui sont investies dans le commerce des artisans « natifs » réfugiés à Ferney : entreprise aléatoire, à cause de la concurrence genevoise. Voltaire possède l'argent ; l'argent ne le possède pas.

Le « luxe » non plus. Son « cœur très immonde » exige bonne table, bon gîte et le reste. Mais il échappe à l'esclavage de la bonne vie. Le mondain qui n'est que mondain, c'est Thiriot, non Voltaire. Voltaire reproche amèrement à son ami de s'être abîmé dans la mollesse : le bon garçon a passé soixante ans à souper en ville, et n'a jamais rien fait d'autre. Plus clairvoyant et plus énergique, Voltaire s'était mis en garde très tôt contre les dangers de la vie parisienne. Sensuel et « primaire » comme il est, les plaisirs de la ville l'enivrent. L'excès des jouissances tue son esprit – et son corps aussi. C'est pourquoi il n'aime pas cette capitale qui l'enchante. Jeune encore, il écrit qu'il est « faune et sylvain ». S'il veut travailler, il faut qu'il se dégage. À Ferney, à quelqu'un qui lui demandait comment il avait pu tant écrire, il répondit : « En n'habitant pas Paris. » À Ferney, Voltaire est maître de son âme. La vague de plaisirs ne le submerge que s'il le veut bien. La Denis tient table ouverte : le seigneur du lieu y prend sa gorgée d'amusement seulement quand il lui plaît. Il a trouvé dans l'indépendance du patriarcat le secret de jouir sans sacrifier la grande occupation de sa vie : écrire.

Écrire ! Ce n'est pas l'abbé Trublet que l'on voyait « sans cesse écrire, écrire... », c'est Voltaire. La besogne de plume asservit plus subtilement qu'une autre, mais aussi sûrement. Tant d'écriture élève autour d'un esprit, surtout d'un esprit partisan, un labyrinthe invisible et infranchissable. Vers 1750, Voltaire est installé dans le réseau d'idées qu'il ne modifiera plus guère au cours des décennies suivantes. Tout est dit, et sa pensée est menacée de sclérose. Mais non... Pour Voltaire, tout reste toujours à dire. La discontinuité de son existence remet, à chaque instant, tout en question. Il a démontré l'existence de Dieu, satirisé le « tout est bien », chassé frère Rigolet de la Chine, brocardé Pompignan, Fréron ou Ézéchiel ; il a fourré dans sa tragédie du jour une belle scène de reconnaissance : le lendemain, tout cela est à refaire. Et il recommence, avec le même entrain, les mêmes bondissements que le jour où il fut pour la première fois blessé par le scandale du mal, ou par la sottise de Pompignan. Voltaire, l'homme sans passé, a une âme qui ne s'use pas. Il renaît chaque matin, tout neuf, gamin toujours à quatre-vingts ans : badin, insolent, mal élevé et scolaire.

■ Voltaire plantant des arbres sur ses terres, vers 1775. Peinture à l'huile par Huber. (Saint-Pétersbourg, musée de l'Ermitage).

Cet homme a des ressources de vigueur anormales. Il faut qu'il aille, sans cesse. Il a dit qu'il avait besoin de grands espaces pour se promener. Certes : son être physique et moral s'anéantirait s'il ne se mouvait. Voltaire est tel : il ne peut échapper que par la mobilité aux inconvénients de l'étroitesse du champ de conscience qui est, en quelque sorte, son péché originel. Son esprit ne saisit bien que les objets précis et limités. Il pratique, en écrivant, la stratégie qui consiste à concentrer toutes ses forces sur un point unique. Il pense par articles. Une œuvre comme les *Lettres philosophiques* se présente comme une énumération d'articles. Quand les éléments du livre condamné seront répartis dans le *Dictionnaire philosophique,* il n'y aura rien à y changer. La forme proprement voltairienne est le recueil de *Mélanges,* le « pot-pourri » de développements accrochés chacun à un mot. Le tour d'esprit de Voltaire le condamnait au dictionnaire : par nature, sa raison est une « raison par alphabet ».

In tenui labor : Voltaire vit dans l'infiniment petit. À Cirey, à Ferney, c'est lui qui rédige les commandes d'épicerie, de fil, de ruban, d'épingles... Ces minuties le perdraient, si son impatience ne l'empêchait pas de s'y arrêter. Condamné aux détails, il s'irrite contre les détails ; il saute impétueusement de l'un à l'autre. Voyez son *Essai sur les mœurs :* ce sont deux tomes de « petits faits ». Mais, de petit fait en petit fait, il a parcouru le champ entier de l'histoire universelle. Voltaire, qui se sent menacé par la mesquinerie, aspire aux larges horizons. On le comprend mieux quand on a vu sa Terre promise, Ferney. Il faut, par un clair après-midi d'été, regarder de la terrasse du château le paysage qu'il aimait. Les prés descendent doucement jusqu'au pli de terrain qui cache Genève et le lac ; par-delà, le soleil éclaire la chaîne des Alpes, et sur l'horizon jaillit le triangle glacé du mont Blanc. Tout le paysage est baigné d'une large lumière. Voltaire a été heureux ici ; ici son esprit se dégageait des pensées étroites, respirant enfin dans la vaste étendue. Pointilleux, mais impatient, Voltaire a besoin de s'exercer sur de grands objets. Il lui plaît de s'occuper des empires immenses de l'Orient : Russie, Indes, Chine... Il admire Alexandre qui a parcouru une partie de ces espaces. Voltaire se fait du bonheur une idée toute différente de celle de Rousseau. Le citoyen de Genève rêve de séjourner dans un lieu aimable et bien clos, peuplé de quelques « êtres selon son cœur ». Mais le bonheur de Voltaire est de s'échapper. En imagination, il fend les airs avec la princesse de Babylone ; il sillonne les espaces intersidéraux en compagnie de Micromégas. Le ciel de Newton le comble d'aise. Vidé des tourbillons cartésiens, l'univers de la gravitation est immense et simple. La lumière y rayonne d'astre en astre, à l'infini, cette lumière qui répand la vie, et qui est, aux yeux de Voltaire, l'image la moins inadéquate de la divinité. Le bonheur parfait serait de traverser l'espace avec elle. Ah ! si Voltaire pouvait, comme le saint Denis de sa *Pucelle,* voyager à cheval sur un rayon de soleil !

Il y a dans la vie de Voltaire une dimension d'évasion qui manque à ses alliés, les « frères » d'Alembert, Damilaville, Condorcet... Il n'est pas diminué comme eux par le combat quotidien au service de la cause. Et il y apporte, quand il y retourne, des forces qu'ils n'ont pas.

Revenons à ce combat. Voltaire disait qu'« aucun philosophe n'a influé seulement sur les mœurs de la rue où il demeurait » (XXVI, 69). A-t-il lui-même mieux réussi que ses confrères ? Il travaillait à détruire l'infâme. Entre 1765 et 1770, il crut qu'il tenait le succès. Des ministres éclairés avaient pris le pouvoir dans les citadelles mêmes de l'ennemi : Pombal au Portugal, Aranda à Madrid, Tanucci à Naples, du Tillot à Parme chassaient les jésuites et résistaient au pape. Ces bons despotes, avec l'aide des souverains de Prusse et de Russie, sans oublier celle de Choiseul, allaient briser la catholicité en une mosaïque d'Églises nationales, dont le clergé serait subordonné à l'État, et le credo réduit aux dogmes simplifiés de la religion naturelle. On sait ce qu'il en advint. Lors du partage de la Pologne, Voltaire s'aperçut que ses philosophes couronnés n'avaient cure du grand dessein. Lui-même est obligé d'employer une partie de ses forces à combattre la coterie athée de D'Holbach. En refaisant seul *l'Encyclopédie* dans les 9 volumes de *Questions sur l'Encyclopédie,* il a fourni un effort qu'il ne pourra plus renouveler. Il approche des quatre-vingts ans. Il est las d'avoir tant écrit, et il a conscience de n'avoir pas atteint le but. Le passé résiste. Voltaire voit autour de lui des hommes, disciples de Rousseau, tenir à la tradition par un attachement sentimental qu'il ne peut comprendre. La Révolution, qui portera ses restes au Panthéon, ne lui donnera pas sa revanche. La tempête emporte des innovations religieuses où l'influence de Voltaire se mêle à celle de Rousseau. Et dès la période thermidorienne une violente réaction anti-voltairienne se dessine. En 1799, deux lettres de Beaumarchais sur *Voltaire et Jésus-Christ,* rédigées dans le pur esprit de Ferney, sont presque unanimement blâmées. Un autre disciple, La Harpe, a trahi ; l'auteur du *Lycée* brûle ce Voltaire qu'avant d'être emprisonné par les terroristes il adorait.

On se tromperait toutefois si, pour apprécier l'influence de Voltaire, on ne considérait que les remous superficiels de la politique. Le grand dessein a échoué ; beaucoup de questions ne se posent plus comme elles se posaient au XVIIIe siècle. Mais il reste que Voltaire a marqué profondément « l'esprit des hommes ». Il n'est jamais facile de mesurer l'efficacité d'une propagande : c'est qu'il est impossible d'isoler les idées des autres forces qui agissent sur l'homme. Et comment, dans l'ensemble du mouvement philosophique, évaluer la part personnelle de Voltaire ? On peut dire cependant ceci : la parole renforce irrésistiblement les tendances auparavant inexprimées. « C'est toi qui l'as nommé », crie Phèdre à Œnone. Voltaire a exprimé ce que beaucoup sentaient confusément ? Oui, et c'est là sa responsabilité. Il a imposé des idées parce qu'il les a dites, dites de façon que l'on soit obligé d'entendre. Par la netteté de son élocution, par le mordant de son langage, il atteignait un public plus large que Montesquieu ou Diderot. Comme après qu'Œnone a prononcé le nom d'Hippolyte, il n'est plus possible de rendre non dit ce que Voltaire a dit.

L'esprit voltairien a pénétré peu ou prou tous les esprits. Rousseau lui-même, quand il traitait des

■ *Pages suivantes :* Par Dardel, le char portant les cendres de Voltaire arrive devant le Panthéon. (Reconstitution : en réalité un déluge de pluie avait désorganisé le cortège quand il atteignit l'actuel Odéon.) (Coll. part.)

AUX GRANDS HOMMES LA PATRIE RECONNOISSANTE

AUX MANES DE
VOLTAIRE

miracles, se laissait aller à des plaisanteries voltairiennes. Voltaire a rendu intolérable des superstitions, des abus ecclésiastiques qui ne renaîtront plus, quand l'Église, après la tempête, renaîtra. La tolérance religieuse est une conquête définitive, qui ne sera pas remise en question, même par les gouvernements les plus favorables à l'autel. Il est incontestable aussi que Voltaire a vulgarisé en France un esprit de critique qui ne s'en laisse pas conter. À l'époque romantique, quand le « hideux sourire » est officiellement réprouvé, le doute voltairien subsiste pourtant dans des âmes nullement voltairiennes. Un cas typique est celui de Nerval : l'amant mystique d'Aurélia se déclare « fils de Voltaire » ! Cette hérédité ne l'empêcha pas de s'enfoncer dans les spéculations les moins rationnelles ; mais elle le détourna de chercher refuge dans la doctrine de l'Église.

■ Voltaire avait prévu, pour sa tombe, une pyramide à l'extérieur de son église de Ferney. À droite, la porte qui lui permettait, lorsqu'il allait à la messe, d'accéder directement au banc du « seigneur », devant l'autel.

Un autre exemple de l'influence voltairienne est la transformation des études bibliques au XIXe siècle. Avant Voltaire, le *Tractatus* de Spinoza et les livres de Richard Simon avaient provoqué une réaction conservatrice. Dans le sillage de dom Calmet, les apologistes répètent que le Pentateuque est un document d'histoire dicté par le Saint-Esprit, et par conséquent infaillible. On répond à Buffon qu'il est inutile et impie de chercher à connaître scientifiquement les origines de la terre, puisque ces origines ont été divinement révélées dans la Genèse. D'autres se croient obligés de démontrer que Sara, à quatre-vingt-dix ans, et enceinte, a pu fort bien exciter les désirs du roi de Guérar. Les facéties voltairiennes ont fait justice de ces divagations. Après lui, et en grande partie par lui, l'exigence critique est admise par tous les exégètes, rationalistes ou non. Les écrits de Voltaire sur la Bible ont plus de portée qu'on ne dit. Renan, Loisy, Guignebert leur doivent, sans l'avouer, ou sans le savoir, un certain nombre d'idées directrices.

Une cause importante enfin a renforcé au XIXe siècle l'influence voltairienne : son œuvre devançait de peu la révolution industrielle. Longtemps les conditions matérielles de la vie étaient restées stables, ou ne s'étaient améliorées que très lentement. Mais les progrès rapides de l'industrie, amorcés au XVIIIe siècle, ont façonné la mentalité moderne. Le centre d'intérêt s'est déplacé. La grande affaire est maintenant l'organisation technique de la vie. L'*homo religiosus* a reculé devant un *homo technicus* jouisseur et plein de confiance en ses moyens. Or il se trouve que Voltaire avait prôné les valeurs de l'homme nouveau : activité, mépris du passé, aspiration au bien-être, recherche de l'utilité sociale. À l'ère industrielle, M. Homais triomphe. On a calomnié ce personnage plein de mérites. Heureusement, il a été définitivement réhabilité par Albert Thibaudet. Nous vivons dans un monde aménagé par cet homme pratique, entreprenant, et intelligent (Thibaudet remarque que Flaubert parle de l'intelligence de M. Homais !).

La conjonction du voltairisme avec l'évolution du monde moderne a eu pour effet de mettre en valeur principalement un aspect de l'œuvre voltairienne. Quand on lit Voltaire attentivement, et complètement, on s'aperçoit que son attitude à l'égard de Pascal n'est pas simple. Voltaire contredit Pascal chaque fois qu'il le rencontre. Mais souvent Voltaire dénigre la condition humaine en termes pascaliens. La différence n'est pas, comme on croit, que l'un affirme le malheur de l'homme, et l'autre son bonheur. Voltaire refuse seulement de conclure comme Pascal : prolongeant une tradition moliniste, Voltaire n'admet pas que l'infirmité humaine prouve la vérité du christianisme. C'est pourquoi le problème du mal est pour lui si angoissant. Voltaire ne réussit pas à trouver un sens à la misère de l'homme. Il ne réussit surtout pas à la nier. Au XVIIIe siècle, et encore à l'époque romantique, on l'accusait d'avilir la créature humaine. Mais depuis lors, maint critique a ignoré l'envers de l'humanisme voltairien. On tend à réduire cette œuvre immense et complexe aux quelques pages de *l'Anti-Pascal*. Signe des temps : *l'Anti-Pascal* est un exposé particulièrement lumineux de l'optimisme moderne.

Voltaire est tout le contraire d'un béat. Son optimisme est toujours menacé. Être de combat, Voltaire ne peut s'installer dans un succès définitif. Les valeurs voltairiennes ne remportent sur les forces hostiles que des victoires précaires. Gustave Lanson, à la « belle époque », jugeait désuète la partie militante de cette œuvre. C'était affirmer une confiance que l'avenir a démentie. Affaiblie, la superstition n'est pas morte. Le goût du merveilleux, la crédulité, la passivité intellectuelle, la veulerie du caractère sont des tares de tous les temps. Des « imposteurs » tenteront toujours d'exploiter ces faiblesses. Il est dommage que Voltaire ait manqué sa tragédie de *Mahomet*, car elle reste à l'ordre du jour. N'a-t-on pas vu se constituer de nou-

Le triomphe de Voltaire, par Jean Guillaume Moitte. En bas à droite, ses ennemis en déroute. (Paris, musée du Louvre.)

velles Églises, qui sont politiques ? Que l'on veuille les croire, que l'on pratique leurs rites, et elles donneront le paradis sur terre, bientôt... Ce sont des politiques qui, au XXe siècle, fanatisent les masses. Quiconque, pendant une crise, ne participe pas à la fureur commune risque gros. Contre ce traître on déchaîne les nouveaux théologiens et les inquisiteurs : les bûchers rallumés ont naguère rendu de l'actualité à Voltaire. L'accès passé, l'esprit voltairien ne restera pas sans emploi. Dans un pays comme la France, où les cohortes du fanatisme sont clairsemées, grâce peut-être à Voltaire, plus redoutable est, vraisemblablement, l'indifférence des honnêtes gens, cette tare des sociétés libérales. Se sont-ils amendés, ces gens de bien qui faisaient bouillir l'apôtre de Ferney ? Mme du Deffand le disait à Voltaire : il n'est pas de bon ton d'« écraser l'infâme ». Les gens comme il faut ne songent qu'à leurs intérêts et à leurs plaisirs. Ils prennent allégrement leur parti des injustices dont souffrent les autres – surtout quand ils en profitent. Voltaire pousse *le cri du sang innocent* : ils ne l'entendent pas. La France du XVIIIe siècle avait ses huguenots galériens, ses serfs mortaillables, et, dans ses colonies, ses esclaves... : c'était trop peu pour émouvoir les abonnés de l'Opéra-Comique. Mais regardons autour de nous : en fait d'iniquités, la France contemporaine a-t-elle rien à envier au royaume du Bien-Aimé ? Il ne s'agit pas seulement de politique. Quelle turpitude pire que celle de ces petits esprits qui se pavanent, comme Pompignan, dans leur petite sphère ? Ne leur demandez pas d'aimer les lettres et les arts, ni de se poser les grandes questions auxquelles se heurte tout homme qui pense. Il est si fatigant de réfléchir ! N'exigez pas que ces âmes mortes examinent une fois leurs bonnes pensées : bonnes, puisqu'elles sont traditionnelles, et qu'elles servent leurs intérêts. Ces Welches-là sont éternels, ne laissons pas contre eux périmer le recours à l'éternel Voltaire.

René Pomeau.

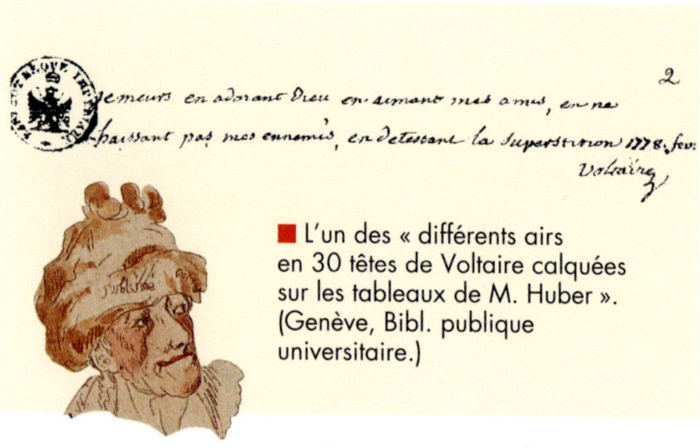
2
Je meurs en adorant Dieu en aimant mes amis, en ne haïssant pas mes ennemis, en detestant la Superstition 1778. fev:
Voltaire

■ Le 28 février 1778, au moment où Voltaire attendait l'abbé Gaultier pour se confesser, il remit à Waguière sa véritable profession de foi : « Je meurs en adorant Dieu, en aimant mes amis, en ne haïssant pas mes ennemis, en détestant la superstition. »

■ L'un des « différents airs en 30 têtes de Voltaire calquées sur les tableaux de M. Huber ». (Genève, Bibl. publique universitaire.)

■ *Ci-contre :* Par Dardel, Apollon monté sur Pégase va couronner Voltaire. (Paris, musée Carnavalet.)

VOLTAIRE PAR LUI-MÊME

Malgré ce qui a été dit plus haut, voici un choix de textes de Voltaire. On voudra bien le considérer non pas comme un condensé, mais comme ce que l'on appelait au XVIIIe *siècle « l'esprit de M. de Voltaire » : une invitation à lire plus avant.*

La Distraction du cabriolet. Jean Huber.

Poésie ?

Aux mânes de M. de Génonville (1729)

Toi que le ciel jaloux ravit dans son printemps
Toi de qui je conserve un souvenir fidèle,
   Vainqueur de la mort et du temps ;
   Toi dont la perte après dix ans
   M'est encore affreuse et nouvelle ;
Si tout n'est pas détruit, si sur les sombres bords,
Ce souffle si caché, cette faible étincelle,
Cet esprit, le moteur et l'esclave du corps,
Ce je ne sais quel sens qu'on nomme âme immortelle,
Reste inconnu de nous, est vivant chez les morts ;
S'il est vrai que tu sois, et si tu peux m'entendre,
Ô mon cher Génonville ! avec plaisir reçois
Ces vers et ces soupirs que je donne à ta cendre,
Monument d'un amour immortel comme toi.
Il te souvient du temps où l'aimable Égérie,
   Dans les beaux jours de notre vie,
Écoutait nos chansons, partageait nos ardeurs.
Nous nous aimions tous trois. La raison, la folie,
L'amour, l'enchantement des plus tendres erreurs,
   Tout réunissait nos trois cœurs.
[...]
Les plaisirs ont leur temps, la sagesse a son tour.
L'amour s'est envolé sur l'aile du bel âge ;
Mais jamais l'amitié ne fuit le cœur du sage.
Nous chantons quelquefois et tes vers et les miens ;
De ton aimable esprit nous célébrons les charmes ;
Ton nom se mêle encore à tous nos entretiens ;
Nous lisons tes écrits, nous les baignons de larmes.
Loin de nous à jamais ces mortels endurcis
Indignes du beau nom, du nom sacré d'amis,
Ou toujours remplis d'eux, ou toujours hors d'eux-
[mêmes,
Au monde, à l'inconstance ardents à se livrer,
Malheureux dont le cœur ne sait pas comme on aime,
Et qui n'ont point connu la douceur de pleurer.

Les « vous » et les « tu »

Philis, qu'est devenu ce temps
Où, dans un fiacre promenée,
Sans laquais, sans ajustements,
De tes grâces seules ornée,
Contente d'un mauvais soupé
Que tu changeais en ambroisie,
Tu te livrais, dans ta folie,
À l'amant heureux et trompé
Qui t'avait consacré sa vie ?
Le ciel ne te donnait alors,
Pour tout rang et pour tous trésors,
Que les agréments de ton âge,
Un cœur tendre, un esprit volage,
Un sein d'albâtre et de beaux yeux.
Avec tant d'attraits précieux,
Hélas ! qui n'eût été friponne ?
Tu le fus, objet gracieux ;
Et (que l'Amour me le pardonne !)
Tu sais que je t'en aimais mieux.
   Ah ! madame ! que votre vie,
D'honneurs aujourd'hui si remplie,
Diffère de ces doux instants !
Ce large suisse à cheveux blancs
Qui ment sans cesse à votre porte,
Philis, est l'image du Temps :
On dirait qu'il chasse l'escorte
Des tendres Amours et des Ris ;
Sous vos magnifiques lambris
Ces enfants tremblent de paraître.
Hélas ! je les ai vus jadis
Entrer chez toi par la fenêtre,
Et se jouer dans ton taudis.
   Non, madame, tous ces tapis
Qu'a tissus la Savonnerie,
Ceux que les Persans ont ourdis,
Et toute votre orfèvrerie ;
Et ces plats si chers que Germain
A gravés de sa main divine ;

■ Voltaire portant un bonnet, par Huber. (Genève, musée d'Art et d'Histoire.)

Et ces cabinets où Martin
A surpassé l'art de la Chine ;
Vos vases japonais et blancs,
Toutes ces fragiles merveilles ;
Ces deux lustres de diamants
Qui pendent à vos deux oreilles ;
Ces riches carcans, ces colliers,
Et cette pompe enchanteresse,
Ne valent pas un des baisers
Que tu donnais dans ta jeunesse.

Le pauvre diable (1760)
[...]
J'étais sans bien, sans métier, sans génie,
Et j'avais lu quelques méchants auteurs ;
Je croyais même avoir des protecteurs.
Mordu du chien de la Métromanie,
Le mal me prit, je fus auteur aussi.
– Ce métier-là ne t'a pas réussi,
Je le vois trop ; çà, fais-moi, pauvre diable,
De ton désastre un récit véritable.
Que faisais-tu sur le Parnasse ? – Hélas !
Dans mon grenier, entre deux sales draps,
Je célébrais les faveurs de Glycère,
De qui jamais n'approcha ma misère.
Ma triste voix chantait d'un gosier sec
Le vin mousseux, le frontignan, le grec,
Buvant de l'eau dans un vieux pot à bière ;
Faute de bas, passant le jour au lit,
Sans couverture, ainsi que sans habit,
Je fredonnais des vers sur la paresse ;
D'après Chaulieu, je vantais la mollesse
[...]

Précis de l'Ecclésiaste (1759)
Dans ma bouillante jeunesse,
J'ai cherché la volupté,
J'ai savouré son ivresse :
De mon bonheur dégoûté,
Dans sa coupe enchanteresse

J'ai trouvé la vanité.
    La grandeur et la richesse
Dans l'âge mûr m'ont flatté :
Les embarras, la tristesse,
L'ennui, la satiété,
Ont averti ma vieillesse
Que tout était vanité.
    J'ai voulu de la science
Pénétrer l'obscurité.
Ô nature, abîme immense !
Tu me laisses sans clarté ;
J'ai recours à l'ignorance :
Le savoir est vanité.
    De quoi m'aura servi ma suprême puissance,
Qui ne dit rien aux sens, qui ne dit rien au cœur,
Brillante opinion, fantôme de bonheur,

Dont jamais en effet on n'a la jouissance ?
J'ai cherché ce bonheur, qui fuyait de mes bras,
Dans mes palais de cèdre, aux bords de cent fontaines ;
Je le redemandais aux voix de mes sirènes ;
Il n'était point dans moi, je ne le trouvais pas.
[...]
Ainsi tout se corrompt, tout se détruit, tout passe ;
Mon oreille bientôt sera sourde aux concerts ;
La chaleur de mon sang va se tourner en glace :
D'un nuage épaissi mes yeux seront couverts ;
Des vins du mont Liban la sève nourrissante
Ne pourra plus flatter mes languissants dégoûts ;
Courbé, traînant à peine une marche pesante,
J'approcherai du terme où nous arrivons tous.
Je ne vous verrai plus, beautés dont la tendresse
Consola mes chagrins, enchanta mes beaux jours.
Ô charme de la vie ! ô précieuse ivresse !
Vous fuyez loin de moi, vous fuyez pour toujours.

Religion (1772)

Je méditais cette nuit ; j'étais absorbé dans la contemplation de la nature ; j'admirais l'immensité, le cours, les rapports de ces globes infinis que le vulgaire ne sait pas admirer.

J'admirais encore plus l'intelligence qui préside à ces vastes ressorts. Je me disais : il faut être aveugle pour n'être pas ébloui de ce spectacle ; il faut être stupide pour n'en pas reconnaître l'auteur ; il faut être fou pour ne pas l'adorer. Quel tribut d'adoration dois-je lui rendre ? Ce tribut ne doit-il pas être le même dans toute l'étendue de l'espace, puisque c'est le même pouvoir suprême qui règne également dans cette étendue ? Un être pensant qui habite dans une étoile de la Voie lactée ne lui doit-il pas le même hommage que l'être pensant sur ce petit globe où nous sommes ? La lumière est uniforme pour l'astre de Sirius et pour nous ; la morale doit être uniforme. Si un animal sentant et pensant dans Sirius est né d'un père et d'une mère tendres qui aient été occupés de son bonheur, il

L'église de Ferney telle que Voltaire l'a reconstruite. Sous la Révolution, les deux clochetons et la partie centrale (portant l'inscription *Deo erexit Voltaire*) furent détruits (gravure de Le Bas, d'après Brandoin).

leur doit autant d'amour et de soins que nous en devons ici à nos parents. Si quelqu'un dans la Voie lactée voit un indigent estropié, s'il peut le soulager et s'il ne le fait pas, il est coupable envers tous les globes. Le cœur a partout les mêmes devoirs : sur les marches du trône de Dieu, s'il a un trône, et au fond de l'abîme, s'il est un abîme.

J'étais plongé dans ces idées, quand un de ces génies qui remplissent les intermondes descendit vers moi. Je reconnus cette même créature aérienne qui m'avait apparu autrefois pour m'apprendre combien les jugements de Dieu diffèrent des nôtres, et combien une bonne action est préférable à la controverse.

Il me transporta dans un désert, tout couvert d'ossements entassés; et entre ces monceaux de morts il y avait des allées d'arbres toujours verts, et au bout de

Le Voltaire « tel qu'en lui-même » de Houdon. (Paris, Comédie française.)

chaque allée un grand homme d'un aspect auguste, qui regardait avec compassion ces tristes restes.

Hélas ! mon archange, lui dis-je, où m'avez-vous mené ? À la désolation, me répondit-il. Et qui sont ces beaux patriarches que je vois immobiles et attendris au bout de ces allées vertes, et qui semblent pleurer sur cette foule innombrable de morts ? Tu le sauras, pauvre créature humaine, me répliqua le génie des intermondes ; mais auparavant il faut que tu pleures [...].

Le Songe creux

Je veux conter comment la nuit dernière
D'un vin d'Arbois largement abreuvé,
Par passe-temps dans mon lit j'ai rêvé
Que j'étais mort, et ne me trompais guère.
Je vis d'abord notre portier Cerbère,
De trois gosiers aboyant à la fois ;
Il me fallut traverser trois rivières ;
On me montra les trois sœurs filandières,
Qui font le sort des peuples et des rois,
Je fus conduit vers trois juges sournois,
Qu'accompagnaient trois gaupes effroyables,
Filles d'enfer et geôlières des diables ;
Car, Dieu merci, tout se faisait par trois.
Ces lieux d'horreur effarouchaient ma vue,
Je frémissais à la sombre étendue
Du vaste abîme où des esprits pervers
Semblaient avoir englouti l'univers.
Je réclamais la clémence infinie
Des puissants dieux, auteurs de tous les biens.
Je l'accusais, lorsqu'un heureux génie
Me conduisit aux Champs Élyséens,
Au doux séjour de la paix éternelle,
Et des plaisirs qui, dit-on, sont nés d'elle.
On me montra, sous des ombrages frais,
Mille héros connus par les bienfaits
Qu'ils ont versés sur la race mortelle,
Et qui pourtant n'existèrent jamais :
Le grand Bacchus, digne en tout de son père ;
Bellérophon, vainqueur de la Chimère ;

Cent demi-dieux des Grecs et des Romains.
En tous les temps tout pays eut ses saints.
Or, mes amis, il faut que je déclare
Que si j'étais rebuté du Tartare,
Cet Élysée et sa froide beauté
M'avaient aussi promptement dégoûté.
Impatient de fuir cette cohue,
Pour m'esquiver je cherchais une issue,
Quand j'aperçus un fantôme effrayant,
Plein de fumée et tout enflé de vent,
Et qui semblait me fermer le passage.
« Que me veux-tu ? dis-je à ce personnage.
– Rien, me dit-il, car je suis le Néant.
Tout ce pays est de mon apanage. »
De ce discours je fus un peu troublé.
« Toi le Néant ! jamais il n'a parlé...
– Si fait, je parle ; on m'invoque, et j'inspire
Tous les savants qui sur mon vaste empire
Ont publié tant d'énormes fatras...
– Eh bien ! mon roi, je me jette en tes bras.
Puisqu'en ton sein tout l'univers se plonge,
Tiens, prends mes vers, ma personne et mon songe :
Je porte envie au mortel fortuné
Qui t'appartient au moment qu'il est né. »

■ L'un des « différents airs en 30 têtes de Voltaire calquées sur les tableaux de M. Huber ». (Genève, Bibliothèque publique et universitaire.)

Imagination

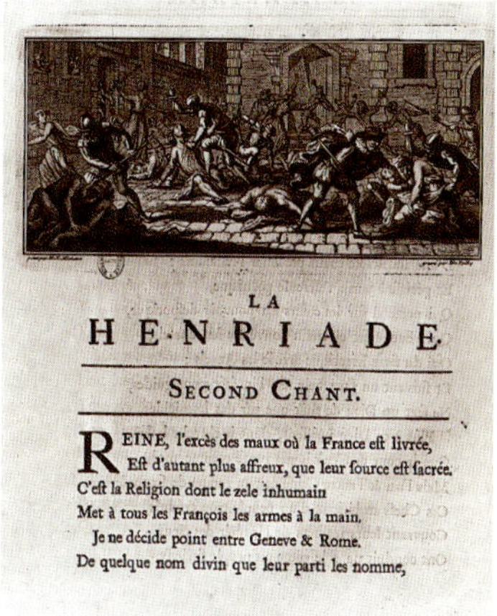
LA
HENRIADE.
SECOND CHANT.

REINE, l'excès des maux où la France eſt livrée,
Eſt d'autant plus affreux, que leur ſource eſt ſacrée.
C'eſt la Religion dont le zele inhumain
Met à tous les François les armes à la main.
Je ne décide point entre Geneve & Rome.
De quelque nom divin que leur parti les nomme,

Début du deuxième chant de *La Henriade*, le massacre de la Saint-Barthélemy, édition par souscription donnée par Voltaire pendant son séjour en Angleterre, Londres, 1728, in-4°. (Paris, Bibl. nat.)

La Henriade (1728)
[Tandis que Jacques Clément se dirige vers Saint-Cloud, où il va assassiner Henri III, ses complices se livrent à des rites d'envoûtement.]

Dans l'ombre de la nuit, sous une voûte obscure,
Le silence a conduit leur assemblée impure.
À la pâle lueur d'un magique flambeau,
S'élève un vil autel dressé sur un tombeau :
C'est là que des deux rois on plaça les images,
Objets de leur terreur, objets de leurs outrages.
Leurs sacrilèges mains ont mêlé, sur l'autel,
À des noms infernaux le nom de l'Éternel.
Sur ces murs ténébreux des lances sont rangées,
Dans des vases de sang leurs pointes sont plongées,
Appareil menaçant de leur mystère affreux.
Le prêtre de ce temple est un de ses Hébreux
Qui, proscrits sur la terre, et citoyens du monde,
Portent de mers en mers leur misère profonde,
Et d'un antique amas de superstitions
Ont rempli dès longtemps toutes les nations.
D'abord, autour de lui, les ligueurs en furie
Commencent à grands cris ce sacrifice impie.
Leurs parricides bras se lavent dans le sang ;
De Valois sur l'autel ils vont percer le flanc ;
Avec plus de terreur, et plus encor de rage,

De Henri sous leurs pieds ils renversent l'image,
Et pensent que la mort, fidèle à leur courroux,
Va transmettre à ces rois l'atteinte de leurs coups.
L'Hébreu joint cependant la prière au blasphème :
Il invoque l'abîme, et les cieux, et Dieu même,
Tous ces impurs esprits qui troublent l'univers,
Et le feu de la foudre, et celui des enfers.
[...]
Aux magiques accents que sa bouche prononce,
Les Seize osent du ciel attendre la réponse ;
À dévoiler leur sort ils pensent le forcer.
Le ciel, pour les punir, voulut les exaucer :
Il interrompt pour eux les lois de la nature ;
De ces antres muets sort un triste murmure ;
Les éclairs, redoublés dans la profonde nuit,
Poussent un jour affreux qui renaît et qui fuit.
Au milieu de ces feux, Henri, brillant de gloire,
Apparaît à leurs yeux sur un char de victoire :
Des lauriers couronnaient son front noble et serein,
Et le sceptre des rois éclatait dans sa main.
L'air s'embrase à l'instant par les traits du tonnerre ;
L'autel, couvert de feux, tombe, et fuit sous la terre ;
Et les Seize éperdus, l'Hébreu saisi d'horreur,
Vont cacher dans la nuit leur crime et leur terreur.

Histoire des voyages de Scarmentado (1753)

La cour était à Séville ; les galions étaient arrivés ; tout respirait l'abondance et la joie dans la plus belle saison de l'année. Je vis au bout d'une allée d'orangers et de citronniers une espèce de lice immense entourée de gradins couverts d'étoffes précieuses. Le roi, la reine, les infants, les infantes, étaient sous un dais superbe. Vis-à-vis de cette auguste famille était un autre trône, mais plus élevé. Je dis à un de mes compagnons de voyage : « À moins que ce trône ne soit réservé pour Dieu, je ne vois pas à quoi il peut servir. » Ces indiscrètes paroles furent entendues d'un grave Espagnol et me coûtèrent cher. Cependant je m'imaginais que nous allions voir quelque carrousel ou quelque fête de taureaux, lorsque le grand inquisiteur parut sur ce trône, d'où il bénit le roi et le peuple.

Ensuite vint une armée de moines défilant deux à deux, blancs, noirs, gris, chaussés, déchaussés, avec barbe, sans barbe, avec capuchon pointu, et sans capuchon; puis marchait le bourreau; puis on voyait au milieu des alguazils et des grands environ quarante personnes couvertes de sacs sur lesquels on avait peint des diables et des flammes. C'étaient des juifs qui n'avaient pas voulu renoncer absolument à Moïse, c'étaient des chrétiens qui avaient épousé leurs commères, ou qui n'avaient pas adoré Notre-Dame d'Atocha, ou qui n'avaient pas voulu se défaire de leur argent comptant en faveur des frères hiéronymites. On chanta dévotement de très belles prières, après quoi on brûla à petit feu tous les coupables; de quoi toute la famille royale parut extrêmement édifiée.

Voltaire aux Enfers. Jean Huber. (Genève, Institut et musée Voltaire.)

Le soir, dans le temps que j'allais me mettre au lit, arrivèrent chez moi deux familiers de l'Inquisition avec la sainte Hermandad : ils m'embrassèrent tendrement, et me menèrent, sans me dire un seul mot, dans un cachot très frais, meublé d'un lit de natte et d'un beau crucifix. Je restai là six semaines, au bout desquelles le révérend père inquisiteur m'envoya prier de venir lui parler : il me serra quelque temps entre ses bras, avec une affection toute paternelle ; il me dit qu'il était sincèrement affligé d'avoir appris que je fusse si mal logé ; mais que tous les appartements de la maison étaient remplis, et qu'une autre fois il espérait que je serais plus à mon aise. Ensuite il me demanda cordialement si je ne savais pas pourquoi j'étais là. Je dis au révérend père que c'était apparemment pour mes péchés. « Eh bien, mon cher enfant, pour quel péché ? parlez-moi avec confiance. » J'eus beau imaginer, je ne devinai point ; il me mit charitablement sur les voies.

Enfin je me souvins de mes indiscrètes paroles. J'en fus quitte pour la discipline et une amende de trente mille réales. On me mena faire révérence au grand inquisiteur : c'était un homme poli, qui me demanda comment j'avais trouvé sa petite fête. Je lui dis que cela était délicieux, et j'allai presser mes compagnons de voyage de quitter ce pays, tout beau qu'il est. [...]

La Princesse de Babylone (1768)

Le vieux Bélus, roi de Babylone, se croyait le premier homme de la terre ; car tous ses courtisans le lui disaient et ses historiographes le lui prouvaient. Ce qui pouvait excuser en lui ce ridicule, c'est qu'en effet ses prédécesseurs avaient bâti Babylone plus de trente mille ans avant lui, et qu'il l'avait embellie. On sait que son palais et son parc, situés à quelques parasanges de Babylone, s'étendaient entre l'Euphrate et le Tigre, qui baignaient ces rivages enchantés. Sa vaste maison, de trois mille pas de façade, s'élevait jusqu'aux nues. La plate-forme était entourée d'une balustrade de marbre blanc de cinquante pieds de hauteur qui portait les statues colossales de tous les rois et de tous les grands hommes de l'empire. Cette plate-forme, composée de deux rangs de briques couvertes d'une épaisse surface

■ *Ci-contre : La Princesse de Navarre*, comédie-ballet de Voltaire, musique de Rameau, fut jouée le 25 février 1745, pour le mariage du Dauphin, devant un nombreux public, à Versailles, dans la salle du manège transformée en un immense théâtre. (Paris, Bibl. nat.)

La Princesse de Babylone, IV : Formosante, sur la route de Bassora, est assaillie dans sa chambre par le roi d'Égypte. Dessin de Monnet, 1777. (Paris, Bibl. nat.)

de plomb d'une extrémité à l'autre, était chargée de douze pieds de terre; et sur cette terre on avait élevé des forêts d'oliviers, d'orangers, de citronniers, de palmiers, de gérofliers, de cocotiers, de cannelliers, qui formaient des allées impénétrables aux rayons du soleil.

Les eaux de l'Euphrate, élevées par des pompes dans cent colonnes creusées, venaient dans ces jardins remplir de vastes bassins de marbre, et, retombant ensuite

La Princesse de Babylone, X : Formosante, qui poursuivait Amazan depuis Pékin, le rejoint enfin à Paris : elle le trouve endormi entre les bras d'une actrice de l'Opéra. Dessin de Monnet. (Paris, Bibl. nat.)

par d'autres canaux, allaient former dans le parc des cascades de six mille pieds de longueur, et cent mille jets d'eau dont la hauteur pouvait à peine être aperçue : elles retournaient ensuite dans l'Euphrate, dont elles étaient parties. Les jardins de Sémiramis, qui étonnèrent l'Asie plusieurs siècles après, n'étaient qu'une faible imitation de ces antiques merveilles ; car, du temps de Sémiramis, tout commençait à dégénérer chez les hommes et chez les femmes.

[La fille de Bélus, Formosante, est partie à la recherche de son cher Amazan, berger gangaride, qui lui a laissé, en s'enfuyant, l'oiseau phénix.]

– Mon phénix, lui repartit la princesse, songez que les premières paroles que vous me dîtes à Babylone, et que je n'oublierai jamais, me flattèrent de l'espérance de revoir ce cher berger que j'idolâtre ; il faut absolument que nous allions ensemble chez les Gangarides, et que je le ramène à Babylone.

– C'est bien mon dessein, dit le phénix ; il n'y a pas un moment à perdre. Il faut aller trouver Amazan par le plus court chemin, c'est-à-dire par les airs. Il y a dans l'Arabie Heureuse deux griffons, mes amis intimes, qui ne demeurent qu'à cent cinquante milles d'ici : je vais leur écrire par la poste aux pigeons ; ils viendront avant la nuit. Nous aurons tout le temps de vous faire travailler un petit canapé commode avec des tiroirs où l'on mettra vos provisions de bouche. Vous serez très à votre aise dans cette voiture avec votre demoiselle. Les deux griffons sont les plus vigoureux de leur espèce ; chacun d'eux tiendra un des bras du canapé entre ses griffes. Mais encore une fois, les moments sont chers.

Il alla sur-le-champ avec Formosante commander le canapé à un tapissier de sa connaissance. Il fut achevé en quatre heures. On mit dans les tiroirs des petits pains à la reine, des biscuits meilleurs que ceux de Babylone, des poncires, des ananas, des cocos, des pistaches, et du vin d'Éden, qui l'emporte sur le vin de Chiraz autant que celui de Chiraz est au-dessus de celui de Suresnes.

Le canapé était aussi léger que commode et solide. Les deux griffons arrivèrent dans Éden à point nommé. Formosante et Irla se placèrent dans la voiture. Les deux griffons l'enlevèrent comme une plume. Le phénix tantôt volait auprès, tantôt se perchait sur le dossier. Les deux griffons cinglèrent vers le Gange avec la rapidité d'une flèche qui fend les airs.

On ne se reposait que la nuit pendant quelques moments pour manger, et pour faire boire un coup aux deux voituriers.

[Mais Amazan court toujours. Le voici en Angleterre.]

Cependant Amazan était déjà sur le chemin de la capitale d'Albion, dans son carrosse à six licornes, et rêvait à sa princesse. Il aperçut un équipage versé dans une fosse ; les domestiques s'étaient écartés pour aller chercher du secours ; le maître de l'équipage restait tranquillement dans sa voiture, ne témoignant pas la plus légère impatience, et s'amusant à fumer : car on fumait alors ; il se nommait milord What-then, ce qui signifie à peu près milord Qu'importe en la langue dans laquelle je traduis ces mémoires.

Amazan se précipita pour lui rendre service ; il releva tout seul la voiture, tant sa force était supérieure à celle des autres hommes. Milord Qu'importe se contenta de dire : « Voilà un homme bien vigoureux. » Des rustres du voisinage, étant accourus, se mirent en colère de ce qu'on les avait fait venir inutilement, et s'en prirent à l'étranger ; ils le menacèrent en l'appelant « chien d'étranger », et ils voulurent le battre.

Amazan en saisit deux de chaque main, et les jeta à vingt pas, les autres le respectèrent, le saluèrent, lui demandèrent pour boire : il leur donna plus d'argent qu'ils n'en avaient jamais vu. Milord Qu'importe lui dit : « Je vous estime ; venez dîner avec moi dans ma maison de campagne, qui n'est qu'à trois milles » ; il monta dans la voiture d'Amazan, parce que la sienne était dérangée par la secousse.

Après un quart d'heure de silence, il regarda un moment Amazan, et lui dit : « *How dye do?* », à la lettre : *Comment faites-vous faire?* et dans la langue du traducteur : *Comment vous portez-vous?* ce qui ne veut rien dire du tout en aucune langue ; puis il ajouta : « Vous avez là six jolies licornes » ; et il se remit à fumer.

Le voyageur lui dit que ses licornes étaient à son service ; qu'il venait avec elles du pays des Gangarides ; et il en prit occasion de lui parler de la princesse de Babylone et du fatal baiser qu'elle avait donné au roi d'Égypte : à quoi l'autre ne répliqua rien du tout, se souciant très peu qu'il y eût dans le monde un roi d'Égypte et une princesse de Babylone. Il fut encore un quart d'heure sans parler ; après quoi il redemanda à son compagnon *comment il faisait faire*, et si on mangeait du bon *roast-beef* dans le pays des Gangarides. Le voyageur lui répondit avec sa politesse ordinaire qu'on ne mangeait point ses frères sur les bords du Gange. Il lui expliqua le système qui fut, après tant de siècles, celui de Pythagore, de Porphyre, de Iamblique. Sur quoi milord s'endormit, et ne fit qu'un somme jusqu'à ce qu'on fût arrivé à sa maison.

Les lois de Minos (1773)

[*La scène représente le parvis d'un temple qu'un personnage décrit en ces termes* :]

Ce temple, où Jupiter avec tant de splendeur
Est descendu, dit-on, du haut de l'empyrée,
N'est qu'un lieu de carnage à sa première entrée ;
Et les fronts des béliers égorgés et sanglants
Sont de ces murs sacrés les honteux ornements :
Ces nuages d'encens, qu'on prodigue à toute heure
N'ont point purifié son infecte demeure [...]

[Le grand prêtre Pharès se propose d'immoler au dieu de ce temple la charmante Astérie. Mais Teucer, qui vient de découvrir précisément que cette Astérie est sa fille, survient à temps pour la délivrer.]

TEUCER

Ah ! peut-être
On l'entraîne à l'autel ! et déjà le grand prêtre [...]
Gardes qui me suivez, secondez votre roi [...]
On entend la trompette.
Ouvrez-vous, temple horrible !
Il enfonce la porte. Le temple s'ouvre. On voit Pharès entouré de sacrificateurs.

Astérie est à genoux au pied de l'autel; elle se retourne vers Pharès en étendant la main, et en le regardant avec horreur; et Pharès, le glaive à la main, est prêt à frapper.

Ah ! qu'est-ce que je vois !
Ma fille !

PHARÈS

Qu'elle meure !

TEUCER

Arrête ! qu'elle vive !

AZÉMON

Astérie !

PHARÈS, *à* TEUCER

Oses-tu délivrer ma captive ?

TEUCER

Misérable ! oses-tu lever ce bras cruel ?...
Dieux ! bénissez les mains qui brisent votre autel ;
C'était l'autel du crime.

Il renverse l'autel et tout l'appareil du sacrifice.

PHARÈS

Ah ! Ton audace impie,
Sacrilège tyran, sera bientôt punie.
[...]

DICTIME, *à* TEUCER

Seigneur, voyez déjà la faction cruelle
Dans le fond de ce temple environner Pharès :
Déjà de la vengeance ils font tous les apprêts ;
On court de tous côtés ; des troupes fanatiques
Vont, le fer dans les mains, inonder ces portiques [...]
L'inflexible Pharès a-t-il dans tous les cœurs
Des poisons de son âme allumé les ardeurs ?
Il n'entendit jamais la voix de la nature ;
Il va vous accuser de fraude, d'imposture,
Datame, en sa puissance, et de ses fers chargé,
A reçu son arrêt et doit être égorgé [...]

Têtes de Voltaire
calquées sur les tableaux de M. Huber.
(Genève, Bibliothèque publique et universitaire.)

Facéties

Lettre à Mme d'Épinay sur le « Dictionnaire philosophique », désavoué par Voltaire

25 septembre 1764

Un de nos frères, Madame, que je soupçonne être le prophète bohémien[1], m'a écrit une belle lettre par laquelle il veut quelques exemplaires d'un livre diabolique, auquel je serais bien fâché d'avoir la moindre part. Ma conscience même serait alarmée de contribuer au débit de ces œuvres de Satan ; mais comme il est très doux de se damner pour vous, Madame, et surtout avec vous, il n'y a rien que je ne fasse pour votre service. Je fais chercher quelques exemplaires à Genève : ces hérétiques les ont tous fait enlever avec avidité. La ville de Calvin est devenue la ville des philosophes ; il ne s'est jamais fait une si grande révolution dans l'esprit humain qu'aujourd'hui. C'est une chose étonnante que presque tout le monde commence à croire qu'on peut être honnête homme sans être absurde ; cela me fait saigner le cœur.

Je vous prie, Madame, de me recommander aux prières des frères. Je prie Dieu continuellement pour eux comme pour vous, et pour la propagation du saint Évangile. Vous savez qu'Esculape-Tronchin va inoculer les Parmesans[2], tandis que vos Welches condamnent l'inoculation. Il n'y a, révérence parler, parmi les Welches que nos frères qui aient le sens commun. Vous, Madame, qui joignez à ce sens commun les grâces et l'esprit, vous êtes française et nullement welche ; et moi, Madame, je suis à vos pieds pour toute la vie.

1. Grimm, auteur du *Petit Prophète de Bœmischbrode* et ami intime de Mme d'Épinay.

2. Théodore Tronchin, médecin de Voltaire, partisan de l'inoculation contre la variole, était alors à Parme. La Faculté de médecine de Paris venait de renouveler l'interdiction de l'inoculation.

Fin de « la Princesse de Babylone »

Ô Muses ! qu'on invoque toujours au commencement de son ouvrage, je ne vous implore qu'à la fin. C'est en vain qu'on me reproche de dire grâces sans avoir dit *benedicite*. Muses ! vous n'en serez pas moins mes protectrices. Empêchez que les continuateurs téméraires ne gâtent par leurs fables les vérités que j'ai enseignées aux mortels dans ce fidèle récit, ainsi qu'ils ont osé falsifier *Candide, l'Ingénu,* et les chastes aventures de la chaste Jeanne qu'un ex-capucin a défigurées par des vers dignes des capucins, dans des éditions bataves. Qu'ils ne fassent pas ce tort à mon typographe, chargé d'une nombreuse famille, et qui possède à peine de quoi avoir des caractères, du papier et de l'encre.

Ô Muses ! imposez silence au détestable Coger[3], professeur de bavarderie au collège Mazarin, qui n'a pas été content des discours moraux de Bélisaire et de l'empereur Justinien, et qui a écrit de vilains libelles diffamatoires contre ces deux grands hommes.

Mettez un bâillon au pédant Larcher[4] qui, sans savoir un mot de l'ancien babylonien, sans avoir voyagé comme moi sur les bords de l'Euphrate et du Tigre, a eu l'impudence de soutenir que la belle Formosante, fille du plus grand roi du monde, et la princesse Aldée, et toutes les femmes de cette respectable cour, allaient coucher avec tous les palefreniers de l'Asie pour de l'argent, dans le grand temple de Babylone, par principe de religion. Ce libertin de collège, votre ennemi et celui de la pudeur, accuse les belles Égyptiennes de Mendès de n'avoir aimé que des boucs, se proposant en secret par cet exemple de faire un tour en Égypte pour avoir enfin de bonnes aventures.

Comme il ne connaît pas plus le moderne que l'antique, il insinue, dans l'espérance de s'introduire auprès

3. Coger avait écrit contre le *Bélisaire* de Marmontel.

4. Larcher, qui avait l'avantage de savoir le grec, avait soutenu contre Voltaire une polémique sur la prostitution sacrée de Babylone et le culte du bouc à Mendès. Voltaire a toujours prétendu que c'était son parrain, l'abbé de Châteauneuf, et non l'abbé Gédoin, qui avait obtenu les ultimes faveurs de Ninon de Lenclos.

de quelque vieille, que notre incomparable Ninon, à l'âge de quatre-vingts ans, coucha avec l'abbé Gédoin, de l'Académie française, et de celle des inscriptions et belles-lettres. Il n'a jamais entendu parler de l'abbé de Châteauneuf, qu'il prend pour l'abbé Gédoin. Il ne connaît pas plus Ninon que les filles de Babylone.

Muses, filles du ciel, votre ennemi Larcher fait plus : il se répand en éloges sur la pédérastie ; il ose dire que tous les bambins de mon pays sont sujets à cette infamie. Il croit se sauver en augmentant le nombre des coupables.

Nobles et chastes Muses, qui détestez également le pédantisme et la pédérastie, protégez-moi contre maître Larcher !

Et vous, maître Aliboron, dit Fréron[5], ci-devant soi-disant jésuite, vous dont le Parnasse est tantôt à Bicêtre, et tantôt au cabaret du coin, vous à qui on a rendu tant de justice sur tous les théâtres de l'Europe, dans l'honnête comédie de *l'Écossaise,* vous, digne fils du prêtre Desfontaines, qui naquîtes de ses amours avec un de ces beaux enfants qui portent un fer et un bandeau comme le fils de Vénus, et qui s'élancent comme lui dans les airs, quoiqu'ils n'aillent jamais qu'au haut des cheminées ; mon cher Aliboron, pour qui j'ai toujours eu tant de tendresse, et qui m'avez fait rire un mois de suite du temps de cette *Écossaise,* je vous recommande ma *Princesse de Babylone ;* dites-en bien du mal afin qu'on la lise.

■ *La Princesse de Babylone*, VIII : Amazan, traversant l'Angleterre, aperçoit une voiture renversée dans un fossé. L'occupant, milord What-then, restait tranquillement sur son siège, « ne témoignant pas la plus légère impatience et s'amusant à fumer ». Dessin de Monnet. (Paris, Bibl. nat.)

Je ne vous oublierai point ici, gazetier ecclésiastique[6], illustre orateur des convulsionnaires, père de l'église fondée par l'abbé Bécherand et par Abraham Chaumeix ; ne manquez pas de dire dans vos feuilles, aussi pieuses qu'éloquentes et sensées, que *la Princesse de Babylone* est hérétique, déiste et athée. Tâchez surtout d'engager le sieur Riballier à faire condamner *la Prin-*

5. L'adversaire de Voltaire le plus spirituel et le plus acharné ; il rédigeait *l'Année littéraire* que Voltaire appelait *l'Âne littéraire.* Il avait appris le métier de journaliste sous la direction de Desfontaines, autre ennemi de Voltaire.

6. *La Gazette ecclésiastique* était l'organe des jansénistes.

cesse de Babylone par la Sorbonne ; vous ferez grand plaisir à mon libraire, à qui j'ai donné cette petite histoire pour ses étrennes.

Apparition de saint Cucufin au sieur Aveline, bourgeois de Troyes (1767) [7]

Le jour qu'on faisait à Troyes, dans notre cathédrale, le service de saint Cucufin, je m'avisai de semer pour la troisième fois mon champ dont les semailles avaient été pourries par les pluies ; car je savais bien qu'il ne faut pas que le blé pourrisse en terre pour lever, *quoi qu'on die*. Le pain valait quatre sous et demi la livre ; les pauvres, dans notre élection, ne sèment et ne mangent que du blé noir et sont accablés de tailles. Notre terrain est si mauvais, malgré tout ce qu'a pu faire saint Loup notre patron, que la huitième partie tout au plus est semée en froment. La saison avançait, je n'avais pas un moment à perdre : je semais donc mon champ, situé derrière Saint-Nicier, avec mon semoir à cinq socs, après avoir entendu la messe et chanté les antiennes du saint jour. Voilà-t-il pas aussitôt le révérend gardien des capucins, assisté de quatre profès, qui se présente à moi à une heure et un quart de relevée, au sortir de table. Il était enflammé comme un chérubin et criait comme un diable : « Théiste, athéiste, janséniste, oses-tu outrager Dieu et saint Cucufin au point de semer ton champ, au lieu de dîner ? Je vais te déférer comme un impie à monsieur le subdélégué, à monsieur le directeur des aides, à monseigneur l'intendant et à monseigneur l'évêque. » Disant ces mots, il se met en devoir de briser mon semoir.

Alors saint Cucufin lui-même descendit du ciel dans une nuée éclatante, qui s'étendait de l'empyrée jusqu'au faubourg de Troyes ; un jaune d'œuf et de la bouillie ornaient encore sa barbe[8]. « Frère Ange, dit-il au gardien, calme ton saint zèle ; ne casse point le semoir de ce bonhomme ; les pauvres manquent de pain dans ton

7. Clément XIII venait de canoniser le père Cucifino d'Ascoli.

8. On citait ce trait d'humilité du père Cucufino : invité à la table de l'évêque, il avait répandu volontairement de l'œuf et de la bouillie sur sa barbe.

pays ; il travaille pour les pauvres après avoir assisté à la sainte messe. C'est une bonne œuvre, j'en ai conféré avec saint Loup, patron de la ville ; va dire de ma part à monseigneur l'évêque qu'on ne peut mieux honorer les saints qu'en cultivant la terre. »

Le gardien obéit, et monseigneur s'adressa lui-même aux magistrats de la grande police pour faire enjoindre à nos concitoyens de labourer, ou semer, ou planter, ou provigner, ou palisser, ou tondre, ou vendanger, ou cuver, ou blanchir, au lieu d'aller boire au cabaret les jours de fêtes après la sainte messe.

Gloire à Dieu et à saint Cucufin.

Instructions du gardien des capucins de Raguse à frère Pediculoso partant pour la Terre sainte (1768)

I. La première chose que vous ferez, frère Pediculoso, sera d'aller voir le paradis terrestre, où Dieu créa Adam et Ève, si connu des anciens Grecs et des premiers Romains, des Perses, des Égyptiens, des Syriens, qu'aucun auteur de ces nations n'en a jamais parlé. Il vous sera très aisé de trouver le paradis terrestre, car il est à la source de l'Euphrate, du Tigre, de l'Araxe et du Nil ; et quoique les sources du Nil et de l'Euphrate soient à mille lieues l'une de l'autre, c'est une difficulté qui ne doit nullement vous embarrasser. Vous n'aurez qu'à demander le chemin aux capucins qui sont à Jérusalem, vous ne pourrez vous égarer.

II. N'oubliez pas de manger du fruit de l'arbre de la science du bien et du mal ; car vous nous paraissez un peu ignorant et malin [...].

III. À l'égard du serpent qui était *la bête des champs la plus subtile,* il est enchaîné, comme vous savez, dans la Haute-Égypte ; plusieurs missionnaires l'ont vu. Bochart[9] vous dira quelle langue il parlait et quel air il siffla pour tenter Ève. Mais prenez bien garde d'être sifflé. Vous expliquerez ensuite quel est le bœuf qui garda la porte du jardin : car vous savez que *chérub* en hébreu

9. Auteur d'une *Géographie sacrée.*

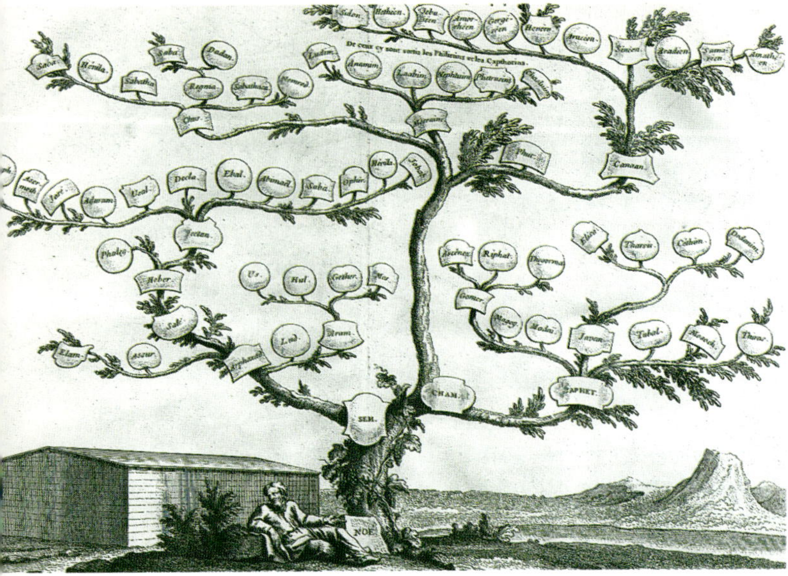

■ Illustration du *Dictionnaire de la Bible* de Dom Calmet. Noé est allongé, près de l'arche, au pied de l'arbre généalogique de l'humanité : ce qui tend à démontrer que tous les peuples de la terre descendent de Noé.

et en chaldéen signifie un bœuf, et que c'est pour cela qu'Ézéchiel dit que le roi de Tyr est un chérub. Que de chérubs, ô ciel ! nous avons dans ce monde ! Lisez sur cela saint Ambroise, l'abbé Rupert et surtout le chérub dom Calmet [...].

VII. Vous comptez aller ensuite sur le mont Ararat voir les restes de l'Arche qui sont de bois de Gopher. Vérifiez les mesures de l'Arche données sur les lieux par l'illustre M. Lepelletier[10]. Mesurez exactement la montagne, mesurez ensuite celles de Pitchincha et de Chimboraço au Pérou et le mont Saint-Gothard. Supputez avec Whiston et Woodward combien il fallut d'océans pour couvrir tout cela et pour s'élever de quinze coudées au-dessus. Examinez tous les animaux purs et impurs qui entrèrent dans l'Arche ; et en revenant, ne vous arrêtez pas sur des charognes comme le corbeau.

10. Auteur d'une dissertation sur les dimensions de l'Arche, où il est prouvé qu'elle put contenir tous les animaux de la terre avec la nourriture nécessaire à leur entretien pendant la durée du déluge.

Vous aurez aussi la bonté de nous rapporter l'original du texte hébreu qui place le déluge en l'an de la création 1656, l'original samaritain qui le met en 2309, le texte des Septante qui le met en 2262. Accordez les trois textes ensemble et faites un compte juste d'après l'abbé Pluche[11].

VIII. Saluez de notre part notre père Noé qui planta la vigne. Les Grecs et les Asiatiques eurent le malheur de ne connaître jamais sa personne ; mais les juifs ont été assez heureux pour descendre de lui. Demandez à voir dans ses archives le pacte que Dieu fit avec lui et avec les bêtes. Nous sommes fâchés qu'il se soit enivré ; ne l'imitez pas.

■ Voltaire à sa table de travail, maquette de bois peint, vers 1773. (Paris, musée Carnavalet.)

11. Auteur d'un *Spectacle de la nature*, très lu au XVIIIe siècle.

Histoire

De la gloire (1739)

En 1723 il y avait en Hollande un Chinois. Ce Chinois était lettré et négociant, deux choses qui ne devraient point du tout être incompatibles, et qui le sont devenues chez nous, grâce au respect extrême qu'on a pour l'argent, et au peu de considération que l'espèce humaine a montré et montrera toujours pour le mérite.

Ce Chinois, qui parlait un peu hollandais, se trouva dans une boutique de librairie avec quelques savants : il demanda un livre, on lui proposa *l'Histoire universelle* de Bossuet, mal traduite. À ce beau mot d'*Histoire universelle* : « Je suis, dit-il, trop heureux, je vais voir ce qu'on dit de notre grand empire, de notre nation qui subsiste en corps de peuple depuis plus de cinquante mille ans, de cette suite d'empereurs qui nous ont gouvernés tant de siècles; je vais voir ce qu'on pense de la religion des lettrés, de ce culte simple que nous rendons à l'Être suprême. Quel plaisir de voir comme on parle en Europe de nos arts, dont plusieurs sont plus anciens chez nous que tous les royaumes européens! Je crois que l'auteur se sera bien mépris dans l'histoire de la guerre que nous eûmes il y a vingt-deux mille cinq cent cinquante-deux ans contre les peuples belliqueux du Tunquin et du Japon; et sur cette ambassade solennelle, par laquelle le puissant empereur du Mogol nous envoya demander des lois, l'an du monde 500000000000079123450000. – Hélas! lui dit un des savants, on ne parle pas seulement de vous dans ce livre; vous êtes trop peu de chose; presque tout roule sur la première nation du monde, l'unique nation, le grand peuple juif. – Juif! dit le Chinois, ces peuples-là sont donc les maîtres des trois quarts de la terre au moins? – Ils se flattent bien qu'ils le seront un jour, lui répondit-on; mais en attendant ce sont eux qui ont l'honneur d'être ici marchands fripiers, et de rogner

■ Voltaire dans son cabinet de travail. Une variante de cette gravure est attribuée au chevalier de Boufflers, 1765. (Paris, musée Carnavalet.)

■ Palais chinois, sous la dynastie Tchin. (Paris, Bibl. nat.)

quelquefois les espèces. – Vous vous moquez, dit le Chinois ; ces gens-là ont-ils jamais eu un vaste empire ? – Ils ont possédé, lui dis-je, en propre, pendant quelques années, un petit pays ; mais ce n'est point par l'étendue des États qu'il faut juger d'un peuple, de même que ce n'est point par les richesses qu'il faut juger d'un homme. – Mais ne parle-t-on pas de quelque autre peuple dans ce livre ? demanda le lettré. – Sans doute, dit le savant qui était auprès de moi, et qui prenait toujours la parole ; on y parle beaucoup d'un petit pays de soixante lieues de large, nommé l'Égypte, où l'on prétend qu'il y avait un lac de cent cinquante lieues de tour, fait de main d'homme. – Tudieu ! dit le Chinois, un lac de cent cinquante lieues dans un terrain qui en avait soixante de large, cela est bien beau ! – Tout le monde était sage dans ce pays-là, ajouta le docteur. – Oh le beau temps que c'était ! dit le Chinois. Mais est-ce là tout ? – Non, répliqua l'Européen ; il est question encore de ces célèbres Grecs. – Qui sont ces Grecs ? dit le lettré. – Ah ! continua l'autre, il s'agit de cette province, à peu près grande comme la deux centième partie de la Chine, mais qui a tant fait de bruit dans tout l'univers. – Jamais je n'ai ouï parler de ces gens-là, ni au Mogol, ni au Japon, ni dans la Grande-Tartarie, dit le Chinois d'un air ingénu. – Ah, ignorant ! ah, barbare ! s'écria poliment notre savant, vous ne connaissez donc point Épaminondas le Thébain, ni le port du Pirée, ni le nom des deux chevaux d'Achille, ni comment se nommait l'âne de Silène ! Vous n'avez entendu parler ni de Jupiter, ni de Diogène, ni de Laïs, ni de Cybèle, ni de... – J'ai bien peur, répliqua le lettré, que vous ne sachiez rien de l'aventure éternellement mémorable du célèbre Xixofou Concochigzamki, ni des mystères du grand Fi Psi Hi Hi. Mais, de grâce, quelles sont encore les choses inconnues dont traite cette histoire universelle ? » Alors le savant parla un quart d'heure de suite de la République romaine ; et quand il vint à Jules César, le Chinois l'interrompit, et lui dit : « Pour celui-là, je crois le connaître ; n'était-il pas Turc[1] ? – Comment ! dit le savant échauffé, est-ce que vous ne savez pas au moins la différence qui est entre les païens, les chrétiens et les musulmans ? Est-ce que vous ne connaissez point Constantin et l'histoire des papes ? – Nous avons entendu parler confusément, répondit l'Asiatique, d'un certain Mahomet. – Il n'est pas possible, répliqua l'autre, que vous ne connaissiez au moins Luther, Zwingli, Bellarmin, Œcolampade. – Je ne retiendrai jamais ces noms-là », dit le Chinois. Il sortit alors, et alla vendre une partie considérable de thé pekoe et de fin grogram, dont il acheta deux belles filles et un mousse, qu'il ramena dans sa patrie en adorant le Tien et en se recommandant à Confucius.

■ Confucius. Aquarelle chinoise du XVIIIe siècle. (Paris, Bibl. nat.)

1. Il n'y a pas longtemps que les Chinois prenaient tous les Européens pour des mahométans. (Note de Voltaire.)

Pour moi, témoin de cette conversation, je vis clairement ce que c'est que la gloire ; et je dis : « Puisque César et Jupiter sont inconnus dans le royaume le plus beau, le plus ancien, le plus vaste, le plus peuplé, le mieux policé de l'univers, il vous sied bien, ô gouverneurs de quelques petits pays ! ô prédicateurs d'une petite paroisse, dans une petite ville ! ô docteurs de Salamanque ou de Bourges ! ô petits auteurs ! ô pesants commentateurs ! il vous sied bien de prétendre à la réputation. »

Essai sur les mœurs

Lorsqu'on passe de l'histoire de l'Empire romain à celle des peuples qui l'ont déchiré dans l'Occident, on ressemble à un voyageur qui, au sortir d'une ville superbe, se trouve dans des déserts couverts de ronces. Vingt jargons barbares succèdent à cette belle langue latine qu'on parlait du fond de l'Illyrie au mont Atlas. Au lieu de ces sages lois qui gouvernaient la moitié de notre hémisphère, on ne trouve plus que des coutumes sauvages. Les cirques, les amphithéâtres élevés dans toutes les provinces sont changés en masures couvertes de paille. Ces grands chemins si beaux, si solides, établis du pied du Capitole, jusqu'au mont Taurus, sont couverts d'eaux croupissantes. La même révolution se fait dans les esprits ; et Grégoire de Tours, le moine de Saint-Gall, Frédégaire, sont nos Polybe et nos Tite-Live. L'entendement humain s'abrutit dans les superstitions les plus lâches et les plus insensées. Ces superstitions sont portées au point que des moines deviennent seigneurs et princes ; ils ont des esclaves, et ces esclaves n'osent pas même se plaindre. L'Europe entière croupit dans cet avilissement jusqu'au XVIe siècle et n'en sort que par des convulsions terribles (XI, 246).

[Si le roi d'Angleterre était devenu définitivement roi de France... :]

Si cette révolution avait duré comme tant d'autres, si les successeurs de Henri V avaient soutenu l'édifice élevé par leur père, s'ils étaient aujourd'hui rois de France, y aurait-il un seul historien qui ne trouvât leur cause juste ? Mézeray n'eût point dit en ce cas que Henri V mourut des hémorroïdes, en punition de s'être assis sur le trône des rois de France (XII, 46).

[Le luxe au XIVe siècle :]

La Flamma se plaint au XIVe siècle, selon l'usage des auteurs peu judicieux, que la frugale simplicité a fait place au luxe ; il regrette le temps de Frédéric Barberousse et de Frédéric II, lorsque dans Milan, capitale de la Lombardie, on ne mangeait de la viande que trois fois par semaine. Le vin alors était rare, la bougie était inconnue, et la chandelle un luxe. On se servait, dit-il, chez les meilleurs citoyens de morceaux de bois sec allumés pour s'éclairer ; on ne mangeait de la viande chaude que trois fois par semaine ; les chemises étaient de serge, et non de linge ; la dot des bourgeoises les plus considérables était de cent livres tout au plus. Les choses ont bien changé, ajoute-t-il : on porte à présent du linge ; les femmes se couvrent d'étoffes de soie, et même il y entre quelquefois de l'or et de l'argent ; elles ont jusqu'à deux mille livres de dot, et ornent même leurs oreilles de pendants d'or. Cependant ce luxe dont il se plaint était encore loin à quelques égards de ce qui est aujourd'hui le nécessaire des peuples riches et industrieux.

Le linge de table était très rare en Angleterre. Le vin ne s'y vendait que chez les apothicaires comme un cordial. Toutes les maisons des particuliers étaient d'un bois grossier, recouvert d'une espèce de mortier qu'on appelle torchis, les portes basses et étroites, les fenêtres petites et presque sans jour. Se faire traîner en charrette dans les rues de Paris, à peine pavées et couvertes de fange, était un luxe, et ce luxe fut défendu par Philippe le Bel aux bourgeois (XII, 55).

[La renaissance des arts en Italie :]

Les beaux-arts qui se tiennent comme par la main, et qui d'ordinaire périssent et renaissent ensemble, sortaient en Italie des ruines de la barbarie. Cimabue, sans aucun secours, était comme un nouvel inventeur de la peinture au XIIIe siècle. Le Giotto fit des tableaux qu'on voit encore avec plaisir. Il reste surtout de lui cette fameuse peinture qu'on a mise en mosaïque et qui représente le premier apôtre marchant sur les eaux ; on la voit au-dessus de la grande porte de Saint-Pierre de Rome. Brunelleschi commença à réformer l'architecture gothique. Gui d'Arezzo longtemps auparavant avait inventé les nouvelles notes de musique à la fin du XIe siècle et rendu cet art plus facile et plus commun...

Il peut paraître étonnant que tant de génies se soient élevés dans l'Italie, sans protection comme sans modèle, au milieu des dissensions et des guerres ; mais Lucrèce, chez les Romains, avait fait son beau *De natura rerum*, Virgile, ses *Bucoliques* ; Cicéron, ses livres de philosophie dans les horreurs des guerres civiles. Quand une fois une langue commence à prendre sa forme, c'est un instrument que les grands artistes trouvent tout préparé, et dont ils se servent, sans s'embarrasser qui gouverne la terre.

Si cette lueur éclaira la seule Toscane, ce n'est pas qu'il n'y eût ailleurs quelques talents. Saint Bernard et Abélard en France, au XIIe siècle, auraient pu être regardés comme de beaux esprits ; mais leur langue était un jargon barbare, et ils payèrent en latin tribut au mauvais goût du temps. La rime à laquelle on assujettit ces hymnes latines des XIIe et XIIIe siècles est le sceau de la barbarie. Ce n'était pas ainsi qu'Horace chantait les Jeux séculaires. La théologie scolastique, fille bâtarde de la philosophie d'Aristote, mal traduite et méconnue, fit plus de tort à la raison et aux bonnes études que n'en avaient fait les Huns et les Vandales (XII, 60-61).

[La fin de Savonarole :]

[...] Enfin un dominicain s'offrit à passer à travers un bûcher pour prouver la sainteté de Savonarole. Un cordelier proposa aussitôt la même épreuve pour prouver que Savonarole était un scélérat. Le peuple, avide d'un tel spectacle, en pressa l'exécution ; le magistrat fut contraint de l'ordonner. Tous les esprits étaient encore remplis de la fable de cet Aldobrandin, surnommé *Petrus igneus*, qui dans le XIe siècle avait passé et repassé sur des charbons ardents au milieu de deux bûchers ; et les partisans de Savonarole ne doutaient pas que Dieu ne fît pour un jacobin ce qu'il avait fait pour un bénédictin. La faction contraire en espérait autant pour le cordelier. Si nous lisions ces religieuses horreurs dans l'histoire des Iroquois, nous ne les croirions pas. Cependant cette scène se jouait chez le peuple le plus ingénieux de la terre, dans la patrie de Dante, de l'Arioste, de Pétrarque et de Machiavel. Parmi les chrétiens, plus un peuple est spirituel, plus il tourne son esprit à soutenir la superstition, et à colorer son absurdité.

On alluma les feux : les champions comparurent en présence d'une foule innombrable ; mais quand ils virent tous deux de sang-froid les bûchers en flamme, tous deux tremblèrent, et leur peur commune leur suggéra une commune évasion. Le dominicain ne voulut entrer dans le bûcher que l'hostie à la main. Le cordelier prétendit que c'était une clause qui n'était pas dans les conventions. Tous deux s'obstinèrent, et s'aidant ainsi l'un l'autre à sortir d'un mauvais pas, ils ne donnèrent point l'affreuse comédie qu'ils avaient préparée.

Le peuple alors, soulevé par le parti des cordeliers, voulut saisir Savonarole. Les magistrats ordonnèrent à ce moine de sortir de Florence. Mais quoiqu'il eût contre lui le pape, la faction des Médicis et le peuple, il refusa d'obéir. Il fut pris et appliqué sept fois à la question. L'extrait de ses dépositions porte qu'il avoua qu'il était un faux prophète, un fourbe qui abusait du secret des confessions et de celles que lui révélaient ses frères. Pouvait-il ne pas avouer qu'il était un imposteur ? Un inspiré qui cabale n'est-il pas convaincu d'être un fourbe ? Peut-être était-il encore plus fanatique : l'imagination humaine est capable de réunir ces deux excès qui semblent s'exclure. Si la justice seule l'eût condamné, la prison, la pénitence, auraient suffi, mais l'esprit de parti s'en mêla. On le condamna, lui et deux dominicains, à mourir dans les flammes qu'ils s'étaient vantés d'affronter. Ils furent étranglés avant d'être jetés au feu (13 mai 1498). Ceux du parti de Savonarole ne manquèrent pas de lui attribuer des miracles : dernière ressource des adhérents d'un chef malheureux. N'oublions pas qu'Alexandre VI lui envoya, dès qu'il fut condamné, une indulgence plénière.

Vous regardez en pitié toutes ces scènes d'absurdité et d'horreur ; vous ne trouvez rien de pareil ni chez les Romains et les Grecs, ni chez les barbares. C'est le fruit de la plus infâme superstition qui ait jamais abruti les hommes, et du plus mauvais des gouvernements. Mais vous savez qu'il n'y a pas longtemps que nous sommes sortis de ces ténèbres et que tout n'est pas encore éclairé (XII, 179-180).

[Sur le fanatisme des grands hommes :]

Il est difficile de comprendre comment les mêmes hommes, qui raisonnent si juste et si finement sur les affaires du monde et sur leurs intérêts, ont pu se payer de paroles inintelligibles dans presque tout le reste. La raison en est qu'on veut paraître instruit plutôt que de s'instruire ; et quand des maîtres d'erreur ont plié notre âme dans notre jeunesse, nous ne faisons pas même d'efforts pour la redresser ; nous en faisons au contraire pour la courber encore. De là vient que tant d'hommes pleins de sagacité, et même de génie, sont pétris d'erreurs populaires ; de là vient que de grands hommes, tels que Pascal et Arnauld, finirent par être fanatiques (XII, 181).

[Des protestants condamnés au bûcher par le roi François 1er :]

Quel funeste contraste de faire brûler à petit feu dans Paris des luthériens parmi lesquels il y avait des Allemands, et de s'unir en même temps aux princes luthériens d'Allemagne, auprès desquels il est obligé de s'excuser de cette rigueur, et d'affirmer même qu'il n'y avait point eu d'Allemands parmi ceux qu'on avait fait mourir ! Comment des historiens peuvent-ils avoir la

■ Le supplice de Savonarole. Peinture anonyme du XVIe siècle. (Musée du vieux Florence.)

lâcheté d'approuver ce supplice, et de l'attribuer au *zèle pieux* d'un prince voluptueux qui n'avait pas la moindre ombre de cette piété qu'on lui attribue? Si c'est là un acte religieux, il est cruellement démenti par le nombre prodigieux de captifs catholiques que son traité avec Soliman livra depuis aux fers de Barberousse sur les côtes d'Italie; si c'est une action de politique, il faut donc approuver les persécutions des païens qui

Gravure de Grasset de Saint-Sauveur, d'après Dellon, *Relations de l'Inquisition* de Goa (1688, souvent réimprimé au XVIIIe siècle) : sur la mitre et la chasuble, les flammes droites et les diables avec queue et griffes signifient que l'homme va être brûlé sur le bûcher préparé à droite. (Paris, Société de géographie.)

immolèrent tant de chrétiens. Ce fut en 1535 qu'on brûla ces malheureux dans Paris. Le père Daniel met à la marge : *Exemple de piété*. Cet exemple de piété consistait à suspendre les patients à une haute potence dont on les faisait tomber à plusieurs reprises sur le bûcher : exemple en effet d'une barbarie raffinée, qui inspire autant d'horreur contre les historiens qui la louent que contre les juges qui l'ordonnèrent (XII, 265).

[Torquemada :]

Ce Torquemada, dominicain, devenu cardinal, donna au tribunal de l'Inquisition espagnole cette forme juridique opposée à toutes les lois humaines, laquelle s'est toujours conservée. Il fit en quatorze ans le procès à près de quatre-vingt mille hommes, et en fit brûler six mille avec l'appareil et la pompe des plus augustes fêtes. Tout ce qu'on nous raconte des peuples qui ont sacrifié des hommes à la Divinité n'approche pas de ces exécutions accompagnées de cérémonies religieuses. Les Espagnols n'en conçurent pas d'abord assez d'horreur, parce que c'étaient leurs anciens ennemis et des juifs qu'on immolait. Mais bientôt eux-mêmes devinrent victimes; car lorsque les dogmes de Luther éclatèrent, le peu de citoyens qui fut soupçonné de les admettre fut immolé. La forme des procédures devint un moyen infaillible de perdre qui on voulait. On ne confronte point les accusés aux délateurs, et il n'y a point de délateur qui ne soit écouté. Un criminel public et flétri par la justice, un enfant, une courtisane, sont des accusateurs graves; le fils même peut déposer contre son père, la femme contre son époux, enfin l'accusé est obligé d'être lui-même son propre délateur, de deviner et d'avouer le délit qu'on lui suppose, et que souvent il ignore. Cette procédure, inouïe jusqu'alors, fit trembler l'Espagne. La défiance s'empara de tous les esprits; il n'y eut plus d'amis, plus de société : le frère craignit son frère, le père son fils. C'est de là que le silence est devenu le caractère d'une nation née avec toute la vivacité que donne un climat chaud et fertile. Les plus adroits s'empressèrent d'être les archers de l'Inquisition sous le nom de ses familiers, aimant mieux être satellites que suppliciés.

Il faut encore attribuer à ce tribunal cette profonde ignorance de la saine philosophie où les écoles d'Espagne demeurent plongées, tandis que l'Allemagne, l'Angleterre, la France, l'Italie même, ont découvert tant de vérités, et ont élargi la sphère de nos connaissances. Jamais la nature humaine n'est si avilie que quand l'ignorance superstitieuse est armée du pouvoir.

Mais ces tristes effets de l'Inquisition sont peu de chose en comparaison de ces sacrifices publics qu'on nomme *auto da fé,* acte de foi, et des horreurs qui les précèdent.

C'est un prêtre en surplis, c'est un moine voué à l'humilité et à la douceur, qui fait dans de vastes cachots appliquer des hommes aux tortures les plus cruelles. C'est ensuite un théâtre dressé dans une place publique, où l'on conduit au bûcher tous les condamnés, à la suite d'une procession de moines et de confréries. On chante, on dit la messe, et on tue des hommes. Un Asiatique qui arriverait à Madrid le jour d'une telle exécution ne saurait si c'est une réjouissance, une fête religieuse, un sacrifice, ou une boucherie ; et c'est tout cela ensemble. Les rois, dont ailleurs la seule présence suffit pour donner grâce à un criminel, assistent nu-tête à ce spectacle, sur un siège moins élevé que celui de l'inquisiteur, et voient expirer leurs sujets dans les flammes. On reprochait à Moctezuma d'immoler des captifs à ses dieux ; qu'aurait-il dit s'il avait vu un *auto da fé* (XII, 350-351) ?

[Supériorité de l'Europe :]

Tous ces peuples d'Extrême-Orient étaient autrefois bien supérieurs à nos peuples occidentaux dans tous les arts de l'esprit et de la main. Mais que nous avons regagné le temps perdu ! Les pays où Bramante et Michel-Ange ont bâti Saint-Pierre de Rome, où Raphaël a peint, où Newton a calculé l'infini, où *Cinna* et *Athalie* ont été écrits, sont devenus les premiers pays de la terre. Les autres peuples ne sont dans les beaux-

arts que des barbares ou des enfants, malgré leur antiquité et malgré tout ce que la nature a fait pour eux (XII, 366).

[L'esclavage à Saint-Domingue :]

On comptait, en 1757, dans la Saint-Domingue française, environ trente mille personnes, et cent mille esclaves nègres ou mulâtres, qui travaillaient aux sucreries, aux plantations d'indigo, de cacao, et qui abrègent leur vie pour flatter nos appétits nouveaux, en remplissant nos nouveaux besoins, que nos pères ne connaissaient pas. Nous allons acheter ces nègres à la côte de Guinée, à la côte d'Or, à celle d'Ivoire. Il y a trente ans, on avait un beau nègre pour cinquante livres : c'est à peu près cinq fois moins qu'un bœuf gras. Cette marchandise humaine coûte aujourd'hui, en 1772, environ quinze cents livres. Nous leur disons qu'ils sont

■ Anne du Bourg, conseiller au Parlement de Paris, défenseur des calvinistes, fut condamné par le tribunal ecclésiastique et exécuté en place de Grève (23 décembre 1559). Gravure par François Hogenberg. (Paris, Bibl. nat.)

hommes comme nous, qu'ils sont rachetés du sang d'un Dieu mort pour eux, et ensuite on les fait travailler comme des bêtes de somme ; on les nourrit plus mal. S'ils veulent s'enfuir, on leur coupe une jambe, et on leur fait tourner à bras l'arbre des moulins à sucre, lorsqu'on leur a donné une jambe de bois. Après cela nous osons parler du droit des gens (XII, 416).

[Sur l'exposition des enfants, en Chine et en Europe :]

Ce gouvernement, quelque beau qu'il fût, était nécessairement infecté de grands abus attachés à la condition humaine, et surtout à un vaste empire. Le plus grand de ces abus, qui n'a été corrigé que dans ces derniers temps, était la coutume des pauvres d'exposer leurs enfants, dans l'espérance qu'ils seraient recueillis par les riches : il périssait ainsi beaucoup de sujets ; l'extrême population empêchait le gouvernement de prévenir ces pertes. On regardait les hommes comme les fruits des arbres, dont on laisse périr sans regret une partie quand il en reste suffisamment pour la nourriture. Les conquérants tartares auraient pu fournir la subsistance à ces enfants abandonnés, et en faire des colonies qui auraient peuplé les déserts de la Tartarie. Ils n'y songèrent pas ; et dans notre Occident, où nous avions un besoin plus pressant de réparer l'espèce humaine, nous n'avions pas encore remédié au même mal, quoiqu'il nous fût plus préjudiciable. Londres n'a d'hôpitaux pour les enfants trouvés que depuis quelques années. Il faut bien des siècles pour que la société humaine se perfectionne (XII, 434).

[Amsterdam et le hareng :]

Amsterdam, aujourd'hui si fameuse, était alors peu de chose, et n'osa pas même se déclarer pour le prince d'Orange. Cette ville était alors occupée d'un commerce nouveau et bas en apparence, mais qui fut le fondement de sa grandeur. La pêche du hareng et l'art de le saler ne paraissent pas un objet bien important dans l'histoire du monde : c'est cependant ce qui a fait d'un pays méprisé et stérile une puissance respectable.

■ Troupe de noirs africains conduits à Surinam, gravure de Blake dans Stedman, *Journal de cinq ans d'expéditions contre les noirs révoltés au Surinam de 1772 à 1777*, Londres, 1813.

Venise n'eut pas des commencements plus brillants; tous les grands empires ont commencé par des hameaux, et les puissances maritimes par des barques de pêcheurs (XII, 467).

[De l'amour :]

Bayle, souvent aussi répréhensible et aussi petit, quand il traite des points d'histoire et des affaires du monde, qu'il est judicieux et profond quand il manie la dialectique, commence son article de Henri IV par dire que, « si on l'eût fait eunuque, il eût pu effacer la gloire des Alexandre et des César ». Voilà de ces choses qu'il eût dû effacer de son dictionnaire. Sa dialectique même lui manque dans cette ridicule supposition : car César fut beaucoup plus débauché que Henri IV ne fut amoureux, et on ne voit pas pourquoi Henri IV eût été plus loin qu'Alexandre. Bayle a-t-il prétendu qu'il faille être un demi-homme pour être un grand homme ? Ne savait-il pas, d'ailleurs, quelle foule de grands capitaines a mêlé l'amour aux armes ? De tous les guerriers qui se sont fait un nom, il n'y a peut-être que le seul Charles XII qui ait renoncé absolument aux femmes ; encore a-t-il eu plus de revers que de succès. Ce n'est pas que je veuille, dans cet ouvrage sérieux, flatter cette vaine galanterie qu'on reproche à la nation française ; je ne veux que reconnaître une très grande vérité : c'est que la nature, qui donne tout, ôte presque toujours la force et le courage à ceux qui sont dépouillés des marques de la virilité, ou en qui ces marques sont imparfaites. Tout est physique dans toutes les espèces : ce n'est pas le bœuf qui combat, c'est le taureau (XII, 538).

Philosophie de l'histoire

Les véritables conquérants sont ceux qui savent faire des lois. Leur puissance est stable ; les autres sont des torrents qui passent (XI, 308).

Les temps d'anarchie sont ceux qui produisent l'excès de l'héroïsme : son essor est plus retenu dans les gouvernements réglés (XI, 356).

Dès que l'autorité d'un prince est contestée, ses mœurs sont toujours attaquées (XI, 388).

Tous les conquérants ont toujours épargné les chefs de religion, et parce que ces chefs les ont flattés, et parce que la soumission du pontife entraîne celle du peuple (XI, 483).

Je considère donc ici en général le sort des hommes plutôt que les révolutions du trône. C'est au genre humain qu'il eût fallu faire attention dans l'histoire : c'est là que chaque écrivain eût dû dire *homo sum* ; mais la plupart des historiens ont décrit des batailles (XII, 72).

Il ne s'est presque jamais rien fait de grand dans le monde que par le génie et la fermeté d'un seul homme qui lutte contre les préjugés de la multitude, ou qui lui en donne (XII, 161).

Buste de Voltaire par Cadet de Beaupré. (Valenciennes, musée des Beaux-Arts.)

Les crimes et les malheurs ont été de tous les temps, et il n'y a que quatre siècles pour les beaux-arts. Il faut être fou pour dire que ces arts ont nui aux mœurs, ils sont nés malgré la méchanceté des hommes, et ils ont adouci jusqu'aux mœurs des tyrans (XII, 250).

Ce qui fait échouer les grands projets, c'est presque toujours le défaut d'argent (XII, 377).

La terre est un vaste théâtre où la même tragédie se joue sous des noms différents (XII, 430).

Il a toujours fallu qu'à la longue le peuple le plus instruit, le plus riche, le plus policé, ait cédé partout au peuple sauvage, pauvre et robuste (XII, 431).

Il n'y a guère d'États qui n'aient eu un temps de grandeur et d'éclat, après lequel ils dégénèrent (XII, 442).

Ne jugeons jamais des hommes que par les faits (XII, 451).

On vit après la mort de Henri IV combien la puissance, la considération, les mœurs, l'esprit d'une nation dépendent souvent d'un homme (XII, 572).

Il y a des temps d'horreur et de folie chez les hommes, comme des temps de peste ; et cette contagion a fait le tour de la terre (XII, 393).

Le plus grand profit qu'on peut retirer de ces longs et pénibles voyages, n'est ni d'aller tuer des Européens dans l'Inde, ni de voler des raïas qui ont volé les peuples, et de s'en faire donner l'absolution par un capucin transporté de Bayonne à la côte de Coromandel ; c'est d'apprendre à ne pas juger du reste de la terre par son clocher (XXIX, 103).

Discours aux Welches

À Frédéric de Prusse, 27 mai 1737

Je crois que les Français vivent un peu dans l'Europe sur leur crédit, comme un homme riche qui se ruine insensiblement. Notre nation a besoin de l'œil du maître pour être encouragée.

Ce qu'on ne fait pas et ce qu'on pourrait faire

Un jour, à Rome, dans les premiers temps de la république, un citoyen dont la passion dominante était le désir de rendre son pays florissant, demanda à parler au premier consul; on lui dit que le magistrat était à table avec le préteur, l'édile, quelques sénateurs, leurs maîtresses et leurs bouffons; il laissa entre les mains d'un des esclaves insolents qui servaient à table un mémoire dont voici à peu près la teneur : « Puisque les tyrans ont fait par toute la terre le mal qu'ils ont pu, ô vous qui vous piquez d'être bons, pourquoi ne faites-vous pas tout le bien que vous pouvez faire? D'où vient que les pauvres assiègent vos temples et vos carrefours, et qu'ils étalent une misère inutile à l'État, et honteuse pour vous, dans le temps que leurs mains pourraient être employées aux travaux publics? Que font pendant la paix ces légions oisives qui peuvent réparer les grands chemins et les citadelles? Ces marais, si on les

■ Voltaire et Frédéric de Prusse. (Genève, Institut et musée Voltaire.)

desséchait, n'infecteraient plus une province et deviendraient des terres fertiles. Ces carrefours irréguliers, et dignes d'une ville de barbares, peuvent se changer en places magnifiques. Ces marbres, entassés sur le rivage du Tibre, peuvent être taillés en statues, et devenir la récompense des grands hommes, et la leçon de la vertu. Vos marchés publics devraient être à la fois commodes et magnifiques; ils ne sont que malpropres et dégoûtants. Vos maisons manquent d'eau, et vos fontaines publiques n'ont ni goût ni propreté. Votre principal temple est d'une architecture barbare; l'entrée de vos spectacles ressemble à celle d'un lieu infâme; les salles où le peuple se rassemble pour entendre ce que l'univers doit admirer n'ont ni proportion, ni grandeur, ni magnificence, ni commodité. Le palais de votre capitale menace ruine, la façade en est cachée par des masures et Moletus y a sa maison au milieu de la cour. En vain votre paresse me répondra qu'il faudrait trop d'argent pour remédier à tant d'abus; de grâce, donnerez-vous cet argent aux Massagètes et aux Cimbres? Ne sera-t-il pas gagné par des Romains, par vos architectes, par vos sculpteurs, par vos peintres, par tous vos artistes? Ces artistes récompensés rendront cet argent à l'État par les nouvelles dépenses qu'ils seront en état de faire; les beaux-arts seront en honneur, ils feront à la fois votre gloire et votre richesse, car le peuple le plus riche est toujours celui qui travaille le plus. Écoutez donc une noble émulation, et que les Grecs, qui commencent à estimer votre valeur et votre conduite, ne vous reprochent plus votre grossièreté. »

On lut à table le mémoire du citoyen, le consul ne dit mot, et demanda à boire; l'édile dit qu'il y avait du bon dans cet écrit, et on n'en parla plus; la conversation roula sur la sève du vin de Falerne, sur le montant du vin de Cécube; on fit l'éloge d'un fameux cuisinier; on approfondit l'invention d'une nouvelle sauce pour l'esturgeon; on porta les santés; on fit deux ou trois contes insipides, et on s'endormit.

Cependant le sénateur Appius, qui avait été touché en secret de la lecture du mémoire, construisit quelque temps après la voie Appienne ; Flaminius fit la voie Flaminienne, un autre embellit le Capitole ; un autre bâtit un amphithéâtre, un autre, des marchés publics. L'écrit du citoyen obscur fut une semence qui germa peu à peu dans la tête des grands hommes.

Des embellissements de Paris

[...] Quand Londres fut consumée par les flammes, l'Europe disait : Londres ne sera rebâtie de vingt ans, et encore verra-t-on son désastre dans les réparations de ses ruines. Elle fut rebâtie en deux ans, et le fut avec magnificence. Quoi ! ne sera-ce jamais qu'à la dernière extrémité que nous ferons quelque chose de grand ? Si la moitié de Paris était brûlée, nous la rebâtirions superbe et commode ; et nous ne voulons pas lui donner aujourd'hui, à mille fois moins de frais, les commodités et la magnificence dont elle a besoin. Cependant une pareille entreprise ferait la gloire de la nation, un honneur immortel au corps de ville de Paris, encouragerait tous les arts, attirerait les étrangers des bouts de l'Europe, enrichirait l'État, bien loin de l'appauvrir, accoutumerait au travail mille indigents fainéants qui ne fondent actuellement leur misérable vie que sur le métier infâme et punissable de mendiants, et qui contribuent encore à déshonorer notre ville ; il en résulterait le bien de tout le monde, et plus d'une sorte de bien. Voilà, sans contredit, l'effet de ces travaux qu'on propose, que tous les citoyens souhaitent, et que tous les citoyens négligent. Fasse le ciel qu'il se trouve quelque homme assez zélé pour embrasser de tels projets, d'une âme assez ferme pour les suivre, d'un esprit assez éclairé pour les rédiger, et qu'il soit assez accrédité pour les faire réussir ! Si dans notre ville immense il ne se trouve personne qui s'en charge ; si on se contente d'en parler à table, de faire d'inutiles souhaits, ou peut-être des plaisanteries impertinentes, il faut pleurer sur les ruines de Jérusalem.

À J. R. Tronchin (7 avril 1758)

[...] On ne dit pas de bien de nos affaires, il est vrai, ni sur terre ni sur mer. Cependant la France est un bon corps qui s'est toujours guéri de toutes ses maladies, et elle en a essuyé de plus violentes.

« Ô Welches !... soyez modestes dans vos triomphes »

Je veux bien convenir avec vous, mes chers Welches, que votre pays est la première contrée de l'univers ; cependant vous ne possédez pas le plus grand domaine dans la plus petite des quatre parties du monde. Considérez que l'Espagne est un peu plus étendue, que l'Allemagne l'est bien davantage, que la Pologne et la Suède sont plus grandes ; et qu'il y a des provinces en Russie dont le pays des Welches ne ferait pas la quatrième partie.

Je souhaite que vous soyez le premier royaume de l'univers par la fertilité de votre terrain ; mais, de grâce, songez à vos quarante lieues de landes vers Bordeaux, à cette partie de votre Champagne que vous avez nommée si noblement pouilleuse, à des provinces entières où le peuple ne se nourrit que de châtaignes, à d'autres où il n'a guère que du pain d'avoine. Remarquez bien la défense qui vous est faite de sortir les blés de votre pays, défense fondée nécessairement sur votre disette, et peut-être encore sur votre caractère, qui vous porterait à vendre au plus vite tout ce que vous avez, pour le racheter fort cher trois mois après, semblables en cela à certains habitants de l'Amérique qui vendent leur lit le matin, oubliant qu'ils voudront se coucher le soir.

D'ailleurs la dépense que la plus brillante partie de la nation fait en fine farine pour poudrer ses têtes, soit que vous soyez coiffés à l'oiseau royal, soit que vous portiez vos cheveux étalés comme Clodion et les conseillers de la cour, cette dépense est si universelle, qu'on fait très bien d'empêcher de porter à l'étranger une denrée dont vous faites un si bel usage.

Premier peuple de l'univers, songez que vous avez dans votre royaume de Frankreich environ deux millions de personnes qui marchent en sabots six mois de l'année, et qui sont nu-pieds les autres six mois.

Êtes-vous le premier peuple de l'univers pour le commerce et pour la marine ?... Hélas !

[...] Lorsque, avec le temps, vous avez composé votre langue des débris du grec et du latin, mêlés avec vos anciens mots welches et tudesques, parvîntes-vous alors à faire un langage assez abondant, assez expressif, assez harmonieux? Votre stérilité n'est-elle pas attestée par ces mots secs et barbares que vous employez à tout : *bout du pied, bout du doigt, bout d'oreille, bout du nez, bout du fil, bout du pont*, etc.? tandis que les Grecs expriment toutes ces différentes choses par des termes énergiques et pleins d'harmonie? On vous a déjà reproché de dire *un bras de rivière, un bras de mer, un cul d'artichaut, un cul-de-lampe, un cul-de-sac*. À peine vous permettez-vous de parler d'un vrai cul devant des matrones respectables; et cependant vous n'employez point d'autre expression pour signifier des choses auxquelles un cul n'a nul rapport. Jérôme Carré[1] vous a proposé le mot d'*impasse* pour vos rues sans issue; ce mot est noble et significatif; cependant, à votre honte, votre *Almanach royal* imprime toujours que l'un de vous demeure dans le cul-de-sac de Menars, et l'autre dans le cul des Blancs-Manteaux. Fi! n'avez-vous pas de honte? Les Romains appelaient ces chemins sans issue *angiportus;* ils n'imaginaient point qu'un cul pût ressembler à une rue.

Que dirai-je du mot *trou*, que vous appliquez encore à tant et de si nobles usages?

Ne trouvez-vous pas que les noms de vos portes, de vos rues, de vos temples feraient un bel effet dans un poème épique? On aime à voir Hector courir du temple de Pallas à la porte de Scée. L'oreille est aussi flattée que l'imagination amusée, quand les Grecs avancent de Ténédos aux rivages de Troie sur les rives

1. C'est-à-dire Voltaire lui-même.

du Simoïs et du Scamandre ; mais, en vérité, pourrait-on peindre vos héros partant de l'église de Saint-Pierre-aux-Bœufs, ou de Saint-Jacques-du-Haut-Pas, avançant fièrement par la rue du Pet-au-Diable, et par la rue Trousse-Vache, s'embarquant sur la galiote de Saint-Cloud, et allant combattre dans la place de Longjumeau ?

Dictionnaire philosophique : « Esclaves »

On dit communément qu'il n'y a plus d'esclaves en France, que c'est le royaume des Francs ; qu'esclave et franc sont contradictoires ; qu'on y est si franc que plusieurs financiers y sont morts en dernier lieu avec plus de trente millions de francs acquis aux dépens des descendants des anciens Francs, s'il y en a. Heureuse la nation française d'être si franche ! Cependant, comment accorder tant de liberté avec tant d'espèces de servitudes, comme, par exemple, celle de la main morte ?

Plus d'une belle dame de Paris, bien brillante dans une belle loge de l'Opéra, ignore qu'elle descend d'une famille de Bourgogne, ou du Bourbonnais, ou de la Franche-Comté, ou de la Marche, ou de l'Auvergne, et que sa famille est encore esclave mortaillable, mainmortable.

De ces esclaves, les uns sont obligés de travailler trois jours de la semaine pour leur seigneur, les autres, deux. S'ils meurent sans enfants, leur bien appartient à ce seigneur ; s'ils laissent des enfants, le seigneur prend seulement les plus beaux bestiaux, les meilleurs meubles à son choix, dans plus d'une coutume [...]

On demande, à ce propos, comment la comté de Bourgogne eut le sobriquet de *franche* avec une telle servitude. C'est sans doute comme les Grecs qui donnèrent aux Furies le nom d'Euménides, *bons cœurs.*

Mais le plus curieux, le plus consolant de toute cette jurisprudence, c'est que les moines sont seigneurs de la moitié des terres mainmortables...

Quand nous avons fait quelques remontrances modestes sur cette étrange tyrannie de gens qui ont juré à Dieu d'être pauvres et humbles, on nous a répondu ; « Il y a six cents ans qu'ils jouissent de ce droit ; comment les en dépouiller ? » Nous avons répliqué humblement ; « Il y a trente ou quarante mille ans, plus ou moins, que les fouines sont en possession de manger nos poulets ; mais on nous accorde la permission de les détruire quand nous les rencontrons. »

[...] Disons donc que les moines ont encore cinquante ou soixante mille esclaves mainmortables dans le royaume des Francs. On n'a pas pensé jusqu'a présent à réformer cette jurisprudence chrétienne qu'on vient d'abolir dans les États du roi de Sardaigne ; mais on y pensera. Attendons seulement quelques siècles, quand les dettes de l'État seront payées.

« *Torture* »

Les Français, qui passent, je ne sais pourquoi, pour un peuple fort humain, s'étonnent que les Anglais, qui ont eu l'inhumanité de nous prendre tout le Canada, aient renoncé au plaisir de donner la question.

Lorsque le chevalier de La Barre, petit-fils d'un lieutenant général des armées, jeune homme de beaucoup d'esprit et d'une grande espérance, mais ayant toute l'étourderie d'une jeunesse effrénée, fut convaincu d'avoir chanté des chansons impies, et même d'avoir passé devant une procession de capucins sans avoir ôté son chapeau, les juges d'Abbeville, gens comparables aux sénateurs romains, ordonnèrent, non seulement qu'on lui arrachât la langue, qu'on lui coupât la main, et qu'on brûlât son corps à petit feu ; mais ils l'appliquèrent encore à la torture pour savoir précisément combien de chansons il avait chantées, et combien de processions il avait vu passer, le chapeau sur la tête.

Ce n'est pas dans le XIIIe ou XIVe siècle que cette aventure est arrivée, c'est dans le XVIIIe. Les nations étrangères jugent de la France par les spectacles, par les romans, par les jolis vers, par les filles d'Opéra qui ont les mœurs fort douces, par nos danseurs d'Opéra qui ont de la grâce, par Mlle Clairon qui déclame des vers à ravir. Elles ne savent pas qu'il n'y a point au fond de nation plus cruelle que la française.

Les Russes passaient pour des barbares, en 1700 ; nous ne sommes qu'en 1769 ; une impératrice vient de donner à ce vaste État des lois qui auraient fait honneur à Minos, à Numa et à Solon, s'ils avaient eu assez d'esprit pour les inventer. La plus remarquable est la tolérance universelle, la seconde est l'abolition de la torture. La justice et l'humanité ont conduit sa plume ; elle a tout réformé. Malheur à une nation qui, étant depuis longtemps civilisée, est encore conduite par d'anciens usages atroces ! Pourquoi changerions-nous notre jurisprudence ? dit-elle : l'Europe se sert de nos cuisiniers, de nos tailleurs, de nos perruquiers ; donc nos lois sont bonnes.

Propos philosophiques

À l'abbé d'Olivet

À Cirey ce 18 octobre [1736].

[...] Mon cher ami, mon cher maître, Newton est le plus grand homme qui ait jamais été, mais le plus grand, de façon que les géants de l'antiquité sont auprès de lui des enfants qui jouent à la fossette,

Præcellit stellas exortus uti ætherius sol.
Dicendum est deus ille deus.

Cependant ne nous décourageons point ; cueillons quelques fleurs dans ce monde qu'il a mesuré, qu'il a pesé, qu'il a seul connu. Jouons sous les bras de cet Atlas qui porte le ciel, faisons des drames, des odes, des guenilles ! Aimez-moi, consolez-moi d'être si petit.

À Cideville

Ce 18 février 1737.

[...] Il faut donner à son âme toutes les formes possibles. C'est un feu que Dieu nous a confié, nous devons le nourrir de ce que nous trouvons de plus précieux. Il faut

Portrait de Voltaire par Huber.
(Genève, Institut et musée Voltaire.)

faire entrer dans notre être tous les modes imaginables, ouvrir toutes les portes de son âme à toutes les sciences et à tous les sentiments. Pourvu que tout cela n'entre pas pêle-mêle, il y a place pour tout le monde [...].

À d'Argental

À Cirey, 1er mars [1737].

[...] Un homme de lettres doit vivre dans un pays libre, ou se résoudre à mener la vie d'un esclave craintif, que d'autres esclaves jaloux accusent sans cesse auprès du maître [...]. Je vous l'ai toujours dit : si mon père, mon frère, ou mon fils était Premier ministre dans un État despotique, j'en sortirais demain.

Dictionnaire philosophique : « Bibliothèque »

Une grande bibliothèque a cela de bon qu'elle effraie celui qui la regarde. Deux cent mille volumes découragent un homme tenté d'imprimer ; mais malheureusement il se dit bientôt à lui-même : « On ne lit point tous ces livres-là, et on pourra me lire. » Il se compare à la goutte d'eau qui se plaignait d'être confondue et ignorée dans l'Océan : un génie eut pitié d'elle ; il la fit avaler par une huître ; elle devint la plus belle perle de l'Orient et fut le principal ornement du trône du Grand Moghol. Ceux qui ne sont que compilateurs, commentateurs, éplucheurs de phrases, critiques à la petite semaine, enfin ceux dont un génie n'a point eu pitié, resteront toujours gouttes d'eau.

Notre homme travaille donc au fond de son galetas avec l'espérance de devenir perle.

Il est vrai que dans cette immense collection de livres, il y en a environ cent quatre-vingt-dix-neuf mille qu'on ne lira jamais, du moins de suite ; mais on peut avoir besoin d'en consulter quelques-uns une fois en sa vie. C'est un grand avantage, pour quiconque veut s'instruire, de trouver sous sa main, dans le palais des rois, le volume et la page qu'il cherche, sans qu'on le fasse attendre un moment. C'est une des plus nobles institutions. Il n'y a point eu de dépense plus magnifique et plus utile.

La Bibliothèque publique du roi de France est la plus belle du monde entier, moins encore par le nombre et la rareté des volumes que par la facilité et la politesse avec laquelle les bibliothécaires les prêtent à tous les savants. Cette bibliothèque est sans contredit le monument le plus précieux qui soit en France.

[...] Auguste avait formé la bibliothèque nommée *Palatine*. La statue d'Apollon y présidait. L'empereur l'orna des bustes des meilleurs auteurs. On voyait vingt-neuf grandes bibliothèques publiques à Rome. Il y a maintenant plus de quatre mille bibliothèques considérables en Europe. Choisissez ce qui vous convient, et tâchez de ne vous pas ennuyer.

« *Bornes de l'esprit humain* »

Elles sont partout, pauvre docteur. Veux-tu savoir comment ton bras et ton pied obéissent à ta volonté, et comment ton foie n'y obéit pas ? Cherches-tu comment la pensée se forme dans ton chétif entendement, et cet enfant dans l'utérus de cette femme ? Je te donne du temps pour me répondre. Qu'est-ce que la matière ? Tes pareils ont écrit dix mille volumes sur cet article ; ils ont trouvé quelques qualités de cette substance : les enfants les connaissent comme toi. Mais cette substance, qu'est-ce au fond ? Et qu'est-ce que tu as nommé *esprit,* du mot latin qui veut dire *souffle,* ne pouvant faire mieux parce que tu n'en as pas d'idée ?

Regarde ce grain de blé que je jette en terre, et dis-moi comment il se relève pour produire un tuyau chargé d'un épi. Apprends-moi comment la terre produit une pomme au haut de cet arbre, et une châtaigne à l'arbre voisin [...]. Je pourrais te faire un in-folio de questions, auxquelles tu ne devrais répondre que par quatre mots : *Je n'en sais rien.*

Et cependant tu as pris tes degrés, et tu es fourré, et ton bonnet l'est aussi, et on t'appelle *maître*. Et cet autre impertinent qui a acheté une charge, croit avoir acheté le droit de juger et de condamner ce qu'il n'entend pas !

La devise de Montaigne était : *Que sais-je?* et la tienne est : *Que ne sais-je pas?*

« César »

[...] Un antiquaire italien, en passant il y a quelques années par Vannes en Bretagne, fut tout émerveillé d'entendre les savants de Vannes s'enorgueillir du séjour de César dans leur ville. « Vous avez sans doute, leur dit-il, quelques monuments de ce grand homme?

– Oui, répondit le plus notable; nous vous montrerons l'endroit où ce héros fit pendre tout le sénat de notre province au nombre de six cents. » Des ignorants, qui trouvèrent dans le canal de Kerantrait une centaine de poutres, en 1755, avancèrent dans les journaux que c'étaient les restes d'un pont de César. Mais je leur ai prouvé, dans ma dissertation de 1756, que c'étaient les potences où ce héros avait attaché notre parlement. Où sont les villes en Gaule qui puissent en dire autant? Nous avons le témoignage du grand César lui-même : il dit dans ses *Commentaires* « que nous sommes inconstants, et que nous préférons la liberté à la servitude ». Il nous accuse d'avoir été assez insolents pour prendre des otages des Romains à qui nous en avions donné, et de n'avoir pas voulu les rendre, à moins qu'on ne nous remît les nôtres. Il nous apprit à vivre. « Il fit fort bien, répliqua le virtuose; son droit était incontestable... »

Cette conversation fit naître une dispute assez vive entre les savants de Vannes et l'antiquaire. Plusieurs Bretons ne concevaient pas quelle était la vertu des Romains d'avoir trompé toutes les nations des Gaules l'une après l'autre, de s'être servis d'elles tour à tour pour leur propre ruine, d'en avoir massacré un quart, et d'avoir réduit les trois autres quarts en servitude.

« Ah! rien n'est plus beau, répliqua l'antiquaire; j'ai dans ma poche une médaille à fleur de coin qui représente le triomphe de César au Capitole : c'est une des mieux conservées. » Il montra sa médaille. Un Breton un peu brusque la prit et la jeta dans la rivière. « Que ne puis-je, dit-il, y noyer tous ceux qui se servent de leur puissance et de leur adresse pour opprimer les autres hommes ! Rome autrefois nous trompa, nous désunit, nous massacra, nous enchaîna. Et Rome aujourd'hui dispose encore de plusieurs de nos bénéfices. Est-il possible que nous ayons été si longtemps et en tant de façons pays d'obédience ? »

Je n'ajouterai qu'un mot à la conversation de l'antiquaire italien et du Breton. C'est que Perrot d'Ablancourt, le traducteur des *Commentaires* de César, dans son épître dédicatoire au grand Condé, lui dit ces propres mots : « Ne vous semble-t-il pas, monseigneur que vous lisiez la vie d'un philosophe chrétien ? » Quel philosophe chrétien que César ! Je m'étonne qu'on n'en ait pas fait un saint. Les faiseurs d'épîtres dédicatoires disent de belles choses, et fort à propos.

« Gloire »

Ben-al-Bétif, ce digne chef des derviches, leur disait un jour : « Mes frères, il est très bon que vous vous serviez souvent de cette sacrée formule de notre Coran : *Au nom de Dieu très miséricordieux*, car Dieu use de miséricorde, et vous apprenez à la faire en répétant souvent les mots qui recommandent une vertu sans laquelle il resterait peu d'hommes sur la terre. Mais, mes frères, gardez-vous bien d'imiter ces téméraires qui se vantent à tout propos de travailler à la gloire de Dieu. Si un jeune imbécile soutient une thèse sur les catégories, thèse à laquelle préside un ignorant en fourrure, il ne manque pas d'écrire en gros caractères à la tête de sa thèse : *Ek Allah abron doxa : ad majorem Dei gloriam*. Un bon musulman a-t-il fait blanchir son salon, il grave cette sottise sur sa porte. Un saka porte de l'eau pour la plus grande gloire de Dieu. C'est un usage impie qui est pieusement mis en usage. Que diriez-vous d'un petit tchaouch qui, en vidant la chaise percée de notre sultan, s'écrierait : « À la plus grande gloire de notre invincible monarque » ? Il y a certainement plus loin du sultan à Dieu que du sultan au petit tchaouch.

« Qu'avez-vous de commun, misérables vers de terre appelés hommes, avec la gloire de l'Être infini ? Peut-il aimer la gloire ? Peut-il en recevoir de vous ? Peut-il en goûter ? Jusqu'à quand, animaux à deux pieds, sans plumes, ferez-vous Dieu à votre image ? Quoi ! parce que vous êtes vains, parce que vous aimez la gloire, vous voulez que Dieu l'aime aussi ! S'il y avait plusieurs dieux, chacun d'eux peut-être voudrait obtenir les suffrages de ses semblables. Ce serait là la gloire d'un dieu. Si l'on peut comparer la grandeur infinie avec la bassesse extrême, ce dieu serait comme le roi Alexandre ou Scander, qui ne voulait entrer en lice qu'avec des rois. Mais vous, pauvres gens, quelle gloire pouvez-vous donner à Dieu ? Cessez de profaner son nom sacré. Un empereur, nommé Octave Auguste, défendit qu'on le louât dans les écoles de Rome, de peur que son nom ne fût avili. Mais vous ne pouvez ni avilir l'Être suprême, ni l'honorer. Anéantissez-vous, adorez et taisez-vous. »

Ainsi parlait Ben-al-Bétif ; et les derviches s'écrièrent : « Gloire à Dieu ! Ben-al-Bétif a bien parlé. »

« *Luxe* »

Dans un pays où tout le monde allait pieds nus, le premier qui se fit faire une paire de souliers avait-il du luxe ? N'était-ce pas un homme très sensé et très industrieux ?

N'en est-il pas de même de celui qui eut la première chemise ? Pour celui qui la fit blanchir et repasser, je le crois un génie plein de ressources et capable de gouverner un État.

Cependant ceux qui n'étaient pas accoutumés à porter des chemises blanches le prirent pour un riche efféminé qui corrompait la nation.

« Gardez-vous du luxe, disait Caton aux Romains. Vous avez subjugué la province du Phase, mais ne mangez jamais de faisans. Vous avez conquis le pays où croît le coton, couchez sur la dure. Vous avez volé à main armée l'or, l'argent et les pierreries de vingt nations, ne soyez jamais assez sots pour vous en servir. Manquez de tout après avoir tout pris. Il faut que les voleurs de grand chemin soient vertueux et libres. »

Lucullus lui répondit : « Mon ami, souhaite plutôt que Crassus, Pompée, César et moi, nous dépensions tout en luxe. Il faut bien que les grands voleurs se battent pour le partage des dépouilles. Rome doit être asservie, mais elle le sera bien plus tôt et bien plus sûrement par l'un de nous, si nous faisons valoir comme toi notre argent, que si nous le dépensons en superfluités et en plaisirs. Souhaite que Pompée et César s'appauvrissent assez pour n'avoir pas de quoi soudoyer des armées. »

Il n'y a pas longtemps qu'un homme de Norvège reprochait le luxe à un Hollandais : « Qu'est devenu, disait-il, cet heureux temps où un négociant, partant d'Amsterdam pour les Grandes-Indes, laissait un quartier de bœuf fumé dans sa cuisine, et le retrouvait à son retour? Où sont vos cuillers de bois et vos fourchettes de fer? N'est-il pas honteux pour un sage Hollandais de coucher dans un lit de damas? »

« Va-t'en à Batavia, lui répondit l'homme d'Amsterdam ; gagne comme moi dix tonnes d'or, et vois si l'envie ne te prendra pas d'être bien vêtu, bien nourri, et bien logé. »

Depuis cette conversation, on a écrit vingt volumes sur le luxe, et ces livres ne l'ont ni diminué, ni augmenté.

« Maître »

« Que je suis malheureux d'être né! disait Ardassan Ougli, jeune icoglan du grand padichah des Turcs. Encore si je ne dépendais que du grand padichah ; mais je suis soumis au chef de mon oda, au capigibachi ; et quand je veux recevoir ma paye il faut que je me prosterne devant un commis du tefterdar, qui m'en retranche la moitié. Je n'avais que sept ans que l'on me coupa, malgré moi, en cérémonie, le bout de mon prépuce, et j'en fus malade quinze jours. Le derviche qui

Dergoumidas devant le grand vizir Ali Pacha, gravure de J. Haussard et G. Scotin. (Paris, Bibliothèque des Arts décoratifs.)

nous fait la prière est mon maître ; un iman est encore plus mon maître ; le mollah l'est encore plus que l'iman. Le cadi est un autre maître ; le cadilesquier l'est davantage ; le muphti l'est beaucoup plus que tous ceux-là ensemble. Le kiaïa du grand vizir peut d'un mot me faire jeter dans le canal ; et le grand vizir enfin peut me faire serrer le cou à son plaisir, et empailler la peau de ma tête, sans que personne y prenne seulement garde.

« Que de maîtres, grand Dieu ! quand j'aurais autant de corps et autant d'âmes que j'ai de devoirs à remplir, je n'y pourrais pas suffire. Ô Allah ! que ne m'as-tu fait chat-huant ! je vivrais libre dans mon trou, et je mangerais des souris à mon aise sans maître et sans valets. C'est assurément la vraie destinée de l'homme ; il n'a des maîtres que depuis qu'il est perverti. Nul homme n'était fait pour servir continuellement un autre homme. Chacun aurait charitablement aidé son prochain, si les choses étaient dans l'ordre. Le clairvoyant aurait conduit l'aveugle, le dispos aurait servi de béquilles au cul-de-jatte. Ce monde aurait été le paradis de Mahomet ; et il est l'enfer qui se trouve précisément sous le Pont-Aigu. »

Ainsi parlait Ardassan Ougli, après avoir reçu les étrivières de la part d'un de ses maîtres.

Ardassan Ougli, au bout de quelques années, devint bacha à trois queues. Il fit une fortune prodigieuse, et il crut fermement que tous les hommes, excepté le grand turc et le grand vizir, étaient nés pour le servir, et toutes les femmes pour lui donner du plaisir selon ses volontés.

« Opinion »

Quelle est l'opinion de toutes les nations du nord de l'Amérique, et de celles qui bordent le détroit de la Sonde, sur le meilleur des gouvernements, sur la meilleure des religions, sur le droit public ecclésiastique, sur la manière d'écrire l'histoire, sur la nature de la tragédie, de la comédie, de l'opéra, de l'églogue, du poème épique, sur les idées innées, la grâce concomitante et les miracles du diacre Pâris ? Il est clair que tous ces peuples n'ont aucune opinion sur les choses dont ils n'ont point d'idées.

Ils ont un sentiment confus de leurs coutumes, et ne vont pas au-delà de cet instinct. Tels sont les peuples qui habitent les côtes de la mer Glaciale, dans l'espace de quinze cents lieues, tels sont les habitants des trois quarts de l'Afrique, et ceux de presque toutes les îles de l'Asie, et vingt hordes de Tartares, et presque tous les hommes uniquement occupés du soin pénible et toujours renaissant de pourvoir à leur subsistance ; tels sont à deux pas de nous la plupart des Morlaques et des Uscoques, beaucoup de Savoyards, et quelques bourgeois de Paris.

Lorsqu'une nation commence à se civiliser, elle a quelques opinions qui sont toutes fausses. Elle croit aux revenants, aux sorciers, à l'enchantement des serpents, à leur immortalité, aux possessions du diable, aux exorcismes, aux haruspices. Elle est persuadée qu'il faut que les grains pourrissent en terre pour germer, et que les quartiers de la Lune sont la cause des accès de fièvre.

Un talapoin persuade à ses dévotes que le dieu Sammonocodom a séjourné quelque temps à Siam, et qu'il a raccourci tous les arbres d'une forêt qui l'empêchaient de jouer à son aise au cerf-volant, qui était son jeu favori. Cette opinion s'enracine dans les têtes, et à la fin un honnête homme qui douterait de cette aventure de Sammonocodom courrait risque d'être lapidé. Il faut des siècles pour détruire une opinion populaire.

On la nomme la *reine du monde ;* elle l'est si bien que, quand la raison vient la combattre, la raison est condamnée à la mort. Il faut qu'elle renaisse vingt fois de ses cendres pour chasser enfin tout doucement l'usurpatrice.

« *Providence* »

J'étais à la grille lorsque sœur Fessue disait à sœur Confite : « La Providence prend un soin visible de moi : vous savez comme j'aime mon moineau ; il était mort, si je n'avais pas dit neuf *Ave Maria* pour obtenir sa guérison. Dieu a rendu mon moineau à la vie ; remercions la Sainte Vierge. »

Un métaphysicien lui dit : « Ma sœur, il n'y a rien de si bon que des *Ave Maria,* surtout quand une fille les récite en latin dans un faubourg de Paris ; mais je ne crois pas que Dieu s'occupe beaucoup de votre moineau, tout joli qu'il est ; songez, je vous prie, qu'il a d'autres affaires. Il faut qu'il dirige continuellement le cours de seize planètes et de l'anneau de Saturne, au centre desquels il a placé le Soleil, qui est aussi gros qu'un million de nos terres. Il a des milliards de milliards d'autres soleils, de planètes et de comètes à gouverner ; ses lois immuables et son concours éternel font mouvoir la nature entière : tout est lié à son trône par une chaîne infinie dont aucun anneau ne peut jamais être hors de sa place. Si des *Ave Maria* avaient fait vivre le moineau de sœur Fessue un instant de plus qu'il ne devait vivre, ces *Ave Maria* auraient violé toutes les lois posées de toute éternité par le Grand Être ; vous auriez dérangé l'univers ; il vous aurait fallu un nouveau monde, un nouveau Dieu, un nouvel ordre des choses. »

« *Rire* »

Que le rire soit le signe de la joie, comme les pleurs sont le symptôme de la douleur, quiconque a ri n'en doute pas. Ceux qui cherchent des causes métaphysiques au rire ne sont pas gais. Ceux qui savent pourquoi cette espèce de joie qui excite le ris retire vers les oreilles le muscle zygomatique, l'un des treize muscles de la bouche, sont bien savants. Les animaux ont ce muscle comme nous ; mais ils ne rient point de joie, comme ils ne répandent point de pleurs de tristesse. Le cerf peut laisser couler une humeur de ses yeux quand il est aux abois, le chien aussi quand on le dissèque vivant ; mais ils ne pleurent point leurs maîtresses, leurs amis, comme nous ; ils n'éclatent point de rire à la vue d'un objet comique : l'homme est le seul animal qui pleure et qui rit.

Comme nous ne pleurons que de ce qui nous afflige, nous ne rions que de ce qui nous égaie : les raisonneurs ont prétendu que le rire naît de l'orgueil, qu'on se croit supérieur à celui dont on rit. Il est vrai que l'homme, qui est un animal risible, est aussi un animal orgueilleux ; mais la fierté ne fait pas rire ; un enfant qui rit de tout son cœur ne s'abandonne point à ce plaisir parce qu'il se met au-dessus de ceux qui le font rire ; s'il rit quand on le chatouille ce n'est pas assurément parce qu'il est sujet au péché mortel de l'orgueil. J'avais onze ans quand je lus tout seul, pour la première fois, *l'Amphitryon* de Molière; je ris au point de tomber à la renverse, était-ce par fierté? On n'est point fier quand on est seul. Était-ce par fierté que le maître de l'âne d'or se mit tant à rire quand il vit son âne manger son souper? Quiconque rit éprouve une joie gaie dans ce moment-là, sans avoir un autre sentiment.

Toute joie ne fait pas rire, les grands plaisirs sont très sérieux : les plaisirs de l'amour, de l'ambition, de l'avarice, n'ont jamais fait rire personne.

Le rire va quelquefois jusqu'aux convulsions. On dit même que quelques personnes sont mortes de rire; j'ai peine à le croire, et sûrement il en est davantage qui sont mortes de chagrin.

Les vapeurs violentes qui excitent tantôt les larmes, tantôt les symptômes du rire, tirent à la vérité les muscles de la bouche; mais ce n'est point un ris véritable, c'est une convulsion, c'est un tourment. Les larmes peuvent alors être vraies parce qu'on souffre; mais le rire ne l'est pas; il faut lui donner un autre nom, aussi l'appelle-t-on rire *sardonien.*

Le ris malin, le *perfidum ridens,* est autre chose; c'est la joie de l'humiliation d'autrui : on poursuit par des éclats moqueurs, par le *cachinnum* (terme qui nous manque), celui qui nous a promis des merveilles et qui ne fait que des sottises : c'est huer plutôt que rire. Notre orgueil alors se moque de l'orgueil de celui qui s'en est fait accroire. On hue notre ami Fréron dans *l'Écossaise*[1] plus encore qu'on n'en rit : j'aime toujours à parler de l'ami Fréron; cela me fait rire.

« *Songes* »

À Lausanne, 25 octobre 1757.

Dans un de mes rêves, je soupais avec M. Touron, qui faisait les paroles et la musique des vers qu'il nous chantait. Je lui fis ces quatre vers dans mon songe :

1. Pièce de Voltaire dans laquelle il a représenté Fréron, en lui prêtant un rôle odieux : ce serait un exemple de « ris malin », si cette comédie était comique.

Mon cher Touron, que tu m'enchantes
Par la douceur de tes accents !
Que tes vers sont doux et coulants !
Tu les fais comme tu les chantes.

Dans un autre rêve, je récitai le premier chant de *la Henriade* tout autrement qu'il n'est. Hier je rêvai qu'on nous disait des vers à souper. Quelqu'un prétendait qu'il y avait trop d'esprit : je lui répondais que les vers étaient une fête qu'on donnait à l'âme, et qu'il fallait des ornements dans les fêtes.

J'ai donc, en rêvant, dit des choses que j'aurais dites à peine dans la veille ; j'ai donc eu des pensées réfléchies malgré moi, et sans y avoir la moindre part. Je n'avais ni volonté ni liberté ; et cependant je combinais des idées avec sagacité, et même avec quelque génie. Que suis-je donc, sinon une machine ?

Le Philosophe ignorant (1766)

I. Première question. – Qui es-tu ? d'où viens-tu ? que fais-tu ? que deviendras-tu ? C'est une question qu'on doit faire à tous les êtres de l'univers, mais à laquelle nul ne nous répond. Je demande aux plantes quelle

■ Vivant Denon, de passage à Ferney (juillet 1775), grave ce petit déjeuner de Voltaire. Devant le philosophe le P. Adam et le banquier Laborde ; derrière, une servante et Mme Denis. Voltaire fut vivement irrité par cette image de lui-même, qu'il juge simiesque. (Genève, Institut et musée Voltaire.)

vertu les fait croître, et comment le même terrain produit des fruits si divers. Ces êtres insensibles et muets, quoique enrichis d'une faculté divine, me laissent à mon ignorance et à mes vaines conjectures.

J'interroge cette foule d'animaux différents, qui tous ont le mouvement et le communiquent, qui jouissent des mêmes sensations que moi, qui ont une mesure d'idées et de mémoire avec toutes les passions. Ils savent encore moins que moi ce qu'ils sont, pourquoi ils sont et ce qu'ils deviennent.

Je soupçonne, j'ai même lieu de croire que les planètes qui roulent autour des soleils innombrables qui remplissent l'espace sont peuplées d'êtres sensibles et pensants ; mais une barrière éternelle nous sépare, et aucun de ces habitants des autres globes ne s'est communiqué à nous.

M. le prieur, dans le *Spectacle de la nature*[2], a dit à *M. le chevalier,* que les astres étaient faits pour la Terre, et la Terre, ainsi que les animaux, pour l'homme. Mais comme le petit globe de la Terre roule avec les autres planètes autour du Soleil ; comme les mouvements réguliers et proportionnels des astres peuvent éternellement subsister sans qu'il y ait des hommes ; comme il y a sur notre planète infiniment plus d'animaux que de mes semblables, j'ai pensé que M. le prieur avait un peu trop d'amour-propre en se flattant que tout avait été fait pour lui ; j'ai vu que l'homme, pendant sa vie, est dévoré par tous les animaux s'il est sans défense, et que tous le dévorent encore après sa mort. Ainsi j'ai eu de la peine à concevoir que M. le prieur et M. le chevalier fussent les rois de la nature. Esclave de tout ce qui m'environne, au lieu d'être roi, resserré dans un point, et entouré de l'immensité, je commence par me chercher moi-même.

II. Notre faiblesse. – Je suis un faible animal ; je n'ai en naissant ni force, ni connaissance, ni instinct ; je ne peux même me traîner à la mamelle de ma mère, comme font tous les quadrupèdes. Je n'acquiers

2. Histoire naturelle dialoguée, par l'abbé Pluche.

quelques idées que comme j'acquiers un peu de force, quand mes organes commencent à se développer. Cette force augmente en moi jusqu'au temps où, ne pouvant plus s'accroître, elle diminue chaque jour. Ce pouvoir de concevoir des idées s'augmente de même jusqu'à son terme, et ensuite s'évanouit insensiblement par degrés.

Quelle est cette mécanique qui accroît de moment en moment les forces de mes membres jusqu'à la borne prescrite ? Je l'ignore ; et ceux qui ont passé leur vie à chercher cette cause n'en savent pas plus que moi.

Quel est cet autre pouvoir qui fait entrer des images dans mon cerveau, qui les conserve dans ma mémoire ? Ceux qui sont payés pour le savoir l'ont inutilement cherché ; nous sommes tous dans la même ignorance des premiers principes où nous étions dans notre berceau.

[...]

XVII. Incompréhensibilité. – [...] Je me vois arrêté tout à coup dans ma vaine curiosité. Misérable mortel, si je ne puis sonder ma propre intelligence, si je ne puis savoir ce qui m'anime, comment connaîtrai-je l'intelligence ineffable qui préside visiblement à la matière entière ? Il y en a une, tout me le démontre ; mais où est la boussole qui me conduira vers sa demeure éternelle et ignorée? [...]

XXI. Ma dépendance encore. – Cet Être éternel, cette cause universelle me donne mes idées ; car ce ne sont pas les objets qui me les donnent. Une matière brute ne peut envoyer des pensées dans ma tête ; mes pensées ne viennent pas de moi, car elles arrivent malgré moi, et souvent s'enfuient de même. On sait assez qu'il n'y a nulle ressemblance, nul rapport entre les objets et nos idées et nos sensations. Certes il y avait quelque chose de sublime dans ce Malebranche, qui osait prétendre que nous voyons tout dans Dieu même. Mais n'y avait-il rien de sublime dans les stoïciens, qui pensaient que c'est Dieu qui agit en nous, et que nous possédons un rayon de sa substance ? Entre le rêve de Malebranche et le rêve des stoïciens, où est la réalité ? Je retombe dans l'ignorance qui est l'apanage de ma nature, et j'adore Dieu par qui je pense, sans savoir comme je pense.

Il faut prendre un parti (1772)

Ce n'est pas entre la Russie et la Turquie qu'il s'agit de prendre un parti, car ces deux États feront la paix tôt ou tard sans que je m'en mêle.

Il ne s'agit point de se déclarer pour une faction anglaise contre une autre faction ; car bientôt elles auront disparu pour faire place à d'autres.

Je ne cherche point à faire un choix entre les chrétiens grecs, les arméniens, les eutychiens, les jacobites, les chrétiens appelés papistes, les luthériens, les calvinistes, les anglicans, les primitifs appelés quakers, les anabaptistes, les jansénistes, les molinistes, les sociniens, les piétistes et tant d'autres *istes*. Je veux vivre honnêtement avec tous ces messieurs quand j'en rencontrerai, sans jamais disputer avec eux, parce qu'il n'y en a pas un seul qui, lorsqu'il aura un écu à partager avec moi, ne sache parfaitement son compte, et qui consente à perdre une obole pour le salut de mon âme ou de la sienne.

Je ne prendrai point parti entre les anciens parlements de France et les nouveaux, parce que dans peu d'années il n'en sera plus question ;

ni entre les anciens et les modernes, parce que ce procès est interminable ;

ni entre les jansénistes et les molinistes, parce qu'ils ne sont plus, et que voilà, Dieu merci, cinq ou six mille volumes devenus aussi inutiles que les *Œuvres* de saint Éphrem ;

ni entre les opéras bouffons français et les italiens, parce que c'est une affaire de fantaisie.

Il ne s'agit ici que d'une petite bagatelle, de savoir s'il y a un Dieu ; et c'est ce que je vais examiner très sérieusement et de très bonne foi, car cela m'intéresse, et vous aussi.

Pensées sur l'homme

Les hommes ne font presque jamais qu'entrevoir ce qu'ils examinent (XXII, 219).

Il suffit pour que l'univers soit ce qu'il est aujourd'hui qu'un homme ait été amoureux d'une femme (XXII, 222).

On n'est entouré que de désastres. On voit tomber à droite et à gauche, comme dans une mêlée, et on reçoit enfin le coup après avoir fatigué inutilement sa vie (XXXVII, 111).

Nos maisons de carnage, qu'on appelle des boucheries, où l'on vend tant de cadavres pour nourrir le nôtre [...] (XXI, 187).

Nous naissons tout nus. On nous enterre avec un méchant drap qui ne vaut pas quatre sous. Qu'avons-nous de mieux à faire qu'à nous réjouir dans nos œuvres pendant les deux moments que nous rampons sur ce globe ou globule ? (À J.R. Tronchin, 15 décembre 1760).

Vous n'avez qu'à regarder une girouette ; elle tourne tantôt au doux souffle du zéphyr, tantôt au vent violent du nord : voilà l'homme (XXV, 272).

Je bâtis comme si j'étais jeune ; mais le travail est une jouissance (XLIII, 949).

Vous me mandez que vous vous ennuyez, et moi je vous réponds que j'enrage. Voilà les deux pivots de la vie, de l'insipidité ou du trouble (XLV, 267).

J'ai toujours pensé que les athées étaient de très mauvais raisonneurs, et que cette malheureuse philosophie n'est pas moins dangereuse qu'absurde. La plupart des hommes, et encore plus des dames, jugent sans réfléchir, et parlent sans penser. Une femme dirigée par un janséniste croit que c'est être athée que de nier la grâce efficace, comme les dévotes des jésuites accusaient d'athéisme ceux qui doutaient de la grâce versatile [...]. Le monde est rempli d'automates qui ne méritent pas qu'on leur parle (XLVI, 121).

Nous sommes des victimes condamnées toutes à la mort ; nous ressemblons aux moutons qui bêlent, qui jouent, qui bondissent, en attendant qu'on les égorge. Leur grand avantage sur nous est qu'ils ne se doutent pas qu'ils seront égorgés, et que nous le savons (XLVI, 406).

Rien n'est triste comme d'être avec soi-même sans occupation. Les tyrans savent bien cela, car ils vous mettent quelquefois un homme entre quatre murailles sans livres ; ce supplice est pire que la question, qui ne dure qu'une heure (XLVI, 511).

Enfin, sans les tailleurs et les couturières, l'espèce humaine n'aurait jamais osé se montrer devant les autres [...]. Cet animal non civilisé, abandonné à lui-même, dut être le plus sale et le plus pauvre de tous les animaux (XIX, 374).

Quand la nature forma notre espèce et nous donna quelques instincts, l'amour-propre pour notre conservation, la bienveillance pour la conservation des autres, l'amour qui est en commun avec toutes les espèces, et le don inexplicable de combiner plus d'idées que tous les animaux ensemble, après nous avoir ainsi donné notre lot, elle nous dit : faites comme vous pourrez (XIX, 619).

Un homme fait sur la terre la même figure qu'un pou d'une ligne de hauteur et d'un cinquième de largeur ferait sur une montagne de 15000 pieds environ de circuit (*Voltaire's Notebooks*, I, 202).

Nous sommes malheureux par ce qui nous manque, et point heureux par les choses que nous avons. Dormir etc. n'est point un bonheur, ne point dormir est insupportable (*ibid.*, I, 217).

Le bonheur est un état de l'âme ; par conséquent il ne peut être durable. C'est un nom abstrait composé de quelques idées de plaisir (*ibid.*, II, 351).

L'homme est le seul animal qui sache qu'il doit mourir. Triste connaissance, mais nécessaire puisqu'il a des idées. Il y a donc des malheurs attachés nécessairement à la condition de l'homme (*ibid.*, II, 352).

Il faut avoir une religion et ne pas croire aux prêtres ; comme il faut avoir du régime et ne pas croire aux médecins (*ibid.*, II, 352).

L'homme doit être content, dit-on ; mais de quoi (*ibid.*, II, 353) ?

Il faut n'être jamais satisfait ni inquiet : cela est difficile (*ibid.*, II, 353).

Simon Malgo, Genève vue des hauteurs de Saint-Jean. (Genève, musée d'Art et d'Histoire.)

LTAIRE JUGÉ PAR…

Excepté dans quelques-uns de ses chefs-d'œuvre, il n'aperçoit que le côté ridicule des choses et des temps, et montre sous un jour hideusement gai l'homme à l'homme. Il charme et fatigue par sa mobilité, il vous enchante et vous dégoûte ; on ne sait quelle est la forme qui lui est propre : il serait insensé s'il n'était si sage, et méchant si sa vie n'était remplie de traits de bienfaisance.

Chateaubriand, *Le Génie du christianisme.*

... Cet ouvrage d'une gaieté infernale : car il semble écrit par un être d'une autre nature que nous, indifférent à notre sort, content de nos souffrances, et riant comme un démon, ou comme un singe, des misères de cette espèce humaine avec laquelle il n'a rien de commun.

Mme de Staël, *De l'Allemagne*
(à propos de *Candide).*

Le rire porte en lui quelque chose de révolutionnaire. À l'église, et au palais, on ne rit jamais, du moins ouvertement. Les serfs sont privés du droit de sourire en présence de leurs maîtres. Seuls les égaux rient entre eux. Le rire de Voltaire a détruit davantage que les pleurs de Rousseau.

Herzen, cité par V. Netchkine,
Annales de la Révolution française,
juillet-septembre 1953.

Voltaire a fait plus de tort aux études historiques qu'une invasion de barbares ; avec sa spirituelle légèreté et sa facilité trompeuse, il a découragé les bénédictins, et si, pendant cinquante ans, la collection de dom Bouquet s'est vendue chez les épiciers au poids du papier, si *l'Histoire littéraire de la France* s'est arrêtée faute de lecteurs, c'est bien sa faute. Or l'opposé de la direction de Voltaire, ce n'est pas le catholicisme (il y a entre les deux plus d'affinités qu'on ne pense) ; l'opposé de Voltaire, c'est le protestantisme libéral créant la critique au XVIe et au XVIIe siècle et aboutissant à la fin du XVIIIe à

Schleiermacher, à Herder, à Fichte et à cette merveilleuse éclosion du christianisme allemand, le plus beau développement intellectuel et religieux que la conscience réfléchie ait produit jusqu'ici.

Renan, *Nouvelles Études d'histoire religieuse.*

Voltaire fut le dernier des grands poètes dramatiques qui entrava par la mesure grecque son âme aux mille formes, née même pour les plus grands orages tragiques. Il pouvait ce qu'aucun Allemand ne pouvait encore, parce que la nature du Français est beaucoup plus parente de la grecque que la nature de l'Allemand, de même qu'il fut aussi le dernier grand écrivain qui, dans le maniement de la langue de la prose, eut l'oreille d'un Grec, la conscience d'artiste d'un Grec, la simplicité et l'agrément d'un Grec...

Nietzsche, cité par Jean Moréas, *Variations [...].*

Il est le philosophe qu'il faut à un monde de bureaucrates, d'ingénieurs et de producteurs.

Gustave Lanson, *Histoire de la littérature française.*

Ce n'est pas sa clarté qui fait Voltaire, ni son goût des idées générales, c'est la violence de ses sarcasmes et, on peut le dire, de ses haines [...]. Voltaire n'eût pas supporté ce temps-ci plus que le sien [...]. Pour Voltaire, la société humaine, et peut-être la vie humaine, étaient une matière inassimilable [...]. Il n'a duré qu'en répandant des ruines autour de lui. Certains esprits vivent ainsi de ce qui tue les autres [...]. Si l'on trouve aujourd'hui chez quelques Français trace de sa véritable tradition, c'est parmi les surréalistes qui ont tant insulté l'ombre d'Anatole France.

Edmond Jaloux, *Perspectives et personnages.*

Je conseille de lire la Bible d'un seul trait, en vue de contempler une existence impossible. Depuis la Genèse, ce n'est toujours qu'une création sublime, violente, absolument arbitraire au regard de l'existence humaine, qui est chétive et comme néant. [...] Voltaire n'a pu surmonter cette idée écrasante. De temps en temps, il essaie son rire contre le sublime, puis il revient à sa propre condition, souffrante et misérable, et aux combinaisons de la volonté divine, qui a fait tout bien; d'où le poème de *Candide* qui s'élève à une sorte de grandeur biblique.

Alain, *Propos sur la religion.*

Naïf, il a envié ceux que la nature avait faits malins, et il a voulu paraître malin à tout prix, il y a certainement réussi, et ce masque est resté collé à son visage; mais il suffit de le voir aux prises avec un roué authentique, avec Frédéric, pour mesurer sa simplicité [...]. Le sérieux, nous le savons, est son ambition et sa joie. Mais ce sérieux était celui d'un idéaliste, et non d'un psychologue; aussi ses créations dramatiques seront-elles peu vraisemblables, et toujours conçues avec trop de larmoyant optimisme.

Raymond Naves, *Le Goût de Voltaire.*

Devant cet état des choses humaines, qui fait que l'homme se comprend soi-même de moins en moins, comme il semble moins concevoir la nature, à mesure qu'il y trouve de plus puissants moyens d'action, devant ce tableau fantastique, Voltaire retrouverait-il ce sourire fameux que nous lui connaissons? Peut-être – s'il m'est permis d'achever ainsi ce propos qui traite d'un impie – lui reviendrait-il à la pensée cette parole suprême et auguste, la parole la plus profonde, la plus simple, la plus vraie, qui fut une fois prononcée sur le genre humain, et donc sur sa politique, sur le progrès de ses sciences, sur ses doctrines et sur ses conflits; peut-être se murmurerait-il cette sentence si évidente : *Ils ne savent ce qu'ils font.*

Paul Valéry, *Hommage à Voltaire,*
10 décembre 1944.

Annexes

Chronologie

Dans ses grandes lignes, la chronologie de Voltaire est simple. Deux grandes crises, celle de 1726 (exil en Angleterre) et celle de 1749 (mort de Mme du Châtelet), et les deux crises, moins importantes, de 1734 (affaire des *Lettres philosophiques)* et de 1758 (affaire de l'article *Genève),* partagent cette vie en périodes que l'on peut distinguer nettement sans trop d'artifice. Mais, dans le détail, cette chronologie est complexe, et souvent incertaine. Voici les dates les plus importantes :

1694 21 novembre : naissance de François Marie Arouet, à Paris, paroisse de Saint-André-des-Arts ; mais Voltaire a prétendu que sa date de naissance véritable était le 20 février 1694.

1701 13 juillet : mort de Mme Arouet, mère de Voltaire.

1704 Octobre : Voltaire entre au collège des jésuites de Louis-le-Grand.

19 décembre : Ninon de Lenclos, âgée de quatre-vingt-quatre ans, lègue 1 000 francs au fils de son notaire, Me Arouet, « pour lui avoir des livres ».

1708 16 décembre : mort de l'abbé de Chateauneuf, parrain de Voltaire.

1710 (?) Publication de la première œuvre de Voltaire : *Imitation de l'ode du R. P. Lejay sur sainte Geneviève,* signée : « François Arouet, étudiant en rhétorique et pensionnaire au collège de Louis-le-Grand. »

1711 5 août : Voltaire quitte le collège. Il va commencer ses études de droit.

1713 Séjour à Caen : Voltaire fait scandale par son libertinage dans le salon de Mme d'Osseville ; il se lie avec le père de Couvrigny, jésuite, de mœurs et de doctrine suspectes. Septembre : Voltaire suit à La Haye le marquis de Chateauneuf en qualité de secrétaire. Il s'éprend de Pimpette. Plaintes de la mère.

24 décembre : Voltaire, renvoyé par l'ambassadeur, est de retour à Paris. Son père veut le faire déporter en Amérique.

1714 (début de) Voltaire entre dans l'étude de Me Alain ; il rencontre Thiriot ; il fréquente le Temple, et la société des Caumartin.

1715 1er septembre : mort de Louis XIV. Voltaire travaille *Œdipe*, commence *la Henriade*.

1716 Mai : exilé à Sully-sur-Loire.

1717 16 mai : écroué à la Bastille pour onze mois.

1718 18 novembre : *Œdipe* est joué avec grand succès. L'auteur prend le nom de Voltaire.

1719 Été : « Je passe ma vie de château en château » : Sully, Villars, Le Bruel.

1720 Séjours à Richelieu, chez le duc, à La Source, chez lord Bolingbroke.

1722 1er janvier : mort de M. Arouet, père de Voltaire.

Juillet-octobre : voyage à Cambrai, Bruxelles, La Haye, en compagnie de Mme de Rupelmonde ; brouille avec J.-B. Rousseau ; première rédaction de l'*Épître à Uranie*.

1723 Mars : séjour à Rouen et à La Rivière-Bourdet, chez M. et Mme de Bernières. Impression du *Poème de la Ligue*.

Novembre : Voltaire gravement malade, à Maisons, de la petite vérole.

1725 Août : Voltaire est dans les bonnes grâces de la toute-puissante Mme de Prie.

5 septembre : il assiste au mariage de Louis XV ; on joue trois de ses pièces en cet honneur.

1726 Janvier : querelle avec le chevalier de Rohan ; Voltaire est bâtonné à la porte de l'hôtel de Sully.

17 avril : Voltaire, qui cherchait à provoquer en duel le chevalier de Rohan, est mis à la Bastille.

5 mai : à Calais, en partance pour l'Angleterre.

Juillet : Voltaire est revenu secrètement à Paris pour quelques jours. Son banquier de Londres a fait faillite.

Septembre : mort de Mme Mignot, sœur de Voltaire.

Automne : Voltaire apprend l'anglais sous la direction d'un maître d'école quaker ; il voit jouer *Hamlet*.

1727 Janvier : présenté au roi George 1er.

8 avril : Newton est enterré solennellement à Westminster ; Voltaire est à Londres.

Décembre : publication de l'*Essay on Civil Wars* et de l'*Essay on Epick Poetry*.

1728 Mars : *la Henriade*, dédiée à la reine d'Angleterre.

Octobre 1728 : Voltaire rentre en France.

1729 Février-juin 1730 : il spécule avec La Condamine sur la loterie de Pelletier-Desforts.

1730 15 mars : mort de Mlle Lecouvreur ; Voltaire est présent. La dépouille mortelle de l'actrice est jetée à la voirie.

11 décembre : *Brutus*, succès éclatant.

1731 Mars-juillet : Voltaire à Rouen ; impression de l'*Histoire de Charles XII*.

1732 7 mars : première d'*Ériphyle*, imitation timide de *Hamlet*.

13 août : succès triomphal de *Zaïre*.

1733 Janvier : *le Temple du Goût* paraît, et ameute les gens de lettres contre Voltaire.

Juin : Voltaire se lie avec Mme du Châtelet.

Juillet : il ajoute aux *Lettres philosophiques*, qu'imprime Jore, les *Remarques sur Pascal*.

1734 18 janvier : *Adélaïde du Guesclin.*
7 avril : Voltaire assiste au mariage du duc de Richelieu, à Monjeu, près d'Autun.
24 avril : il apprend que les *Lettres philosophiques* se débitent dans Paris.
6 mai : un mandat d'arrêt ayant été lancé, il s'enfuit en Lorraine.
Juillet : Voltaire s'installe à Cirey, dans le château de Mme du Châtelet.
23 octobre : Mme du Châtelet a rejoint Voltaire à Cirey.

1735 2 mars : il obtient la permission de revenir à Paris.
11 août : représentation de *la Mort de César*, par les élèves du collège d'Harcourt.
30 novembre : Voltaire demande à Thiriot le *Testament* de Meslier.

1736 27 janvier : première d'*Alzire.*
Mi-avril-début juillet : Voltaire est à Paris ; procès avec Jore. Mme du Châtelet, à Cirey, apprend l'anglais et traduit Mandeville.
8 août : Frédéric, prince royal de Prusse, écrit à Voltaire.
Novembre : un grand nombre de copies du *Mondain* circulent. On fait savoir à Voltaire qu'il n'est plus en sécurité à Cirey.
9 décembre : il se réfugie aux Pays-Bas.

1737 Janvier-février : Amsterdam et Leyde ; impression des *Éléments de la philosophie Newton ;* entretiens avec S'Gravesande.
Octobre : Armand Arouet, frère de Voltaire, est arrêté pour ses activités jansénistes.

1738 Avril : Marie-Louise Mignot, nièce de Voltaire, qui vient d'épouser Denis, « commissaire ordinaire des guerres », passe à Cirey avec son mari. Elle est effrayée par la solitude du lieu.
2 mai : Voltaire et Mme du Châtelet ont concouru, séparément, pour le prix de l'Académie des sciences sur la nature du feu : double échec.
4 décembre-8 février 1739 : séjour de Mme de Grafigny à Cirey ; ses lettres sur la vie de Cirey.
12 décembre : Desfontaines, brouillé depuis longtemps avec Voltaire, lance *la Voltairomanie*, en réponse au *Préservatif contre Desfontaines.*

1739 8 mai : Voltaire et Mme du Châtelet quittent Cirey pour la Belgique ; à partir de cette date, voyages continuels entre la Belgique, Cirey et Paris.
24 novembre : l'édition des premiers chapitres du *Siècle de Louis XIV* est saisie.

1740 Juillet : à la demande de Frédéric, devenu roi de Prusse, Voltaire à La Haye s'efforce d'empêcher la publication de l'*Anti-Machiavel.*
11 septembre : première rencontre de Voltaire et de Frédéric II, près de Clèves.
Novembre : Voltaire à Rémusberg et à Berlin.

1741 Fin avril : représentations triomphales de *Mahomet* à Lille.
Guerre de Succession d'Autriche ; par le comte d'Argenson, Voltaire a un intérêt dans les fournitures de viande et de munitions.

1742 Juillet : Frédéric II fait circuler à Paris la lettre où Voltaire le félicitait d'avoir abandonné l'alliance française.

19 août : première de *Mahomet* à Paris ; scandale chez les dévots. Voltaire retire sa pièce après la troisième représentation.

2-7 septembre : Voltaire se rend à Aix-la-Chapelle auprès de Frédéric II ; il est chargé officieusement de le ramener dans la guerre aux côtés de la France.

1743 20 février : succès de *Mérope ;* Voltaire acclamé par le public.

22 mars : échec à l'Académie.

Septembre-octobre : nouvelle mission diplomatique, à Berlin et à Bayreuth ; échec. Frédéric II voudrait le décider à se fixer en Prusse. Désespoir de Mme du Châtelet, qui craint d'être abandonnée.

1744 28 novembre : le marquis d'Argenson, ancien condisciple de Voltaire, devient ministre des Affaires étrangères.

1745 Janvier : Voltaire s'installe à Versailles pour diriger les répétitions de sa *Princesse de Navarre.*

18 février : mort d'Armand Arouet.

25 février : première de *la Princesse de Navarre,* jouée à la cour en l'honneur du mariage du Dauphin.

27 mars : Voltaire est nommé historiographe de Sa Majesté ; on lui promet la première place vacante de gentilhomme ordinaire.

11 mai : victoire de Fontenoy ; Voltaire fait le *Poème de Fontenoy.*

17 août : *Mahomet* adressé au pape, qui envoie des médailles à l'auteur.

27 novembre : *le Temple de la Gloire,* de Voltaire et Rameau, joué à Versailles ; « Trajan est-il content ? »...

1746 25 avril : Voltaire élu à l'Académie française.

18 août : début du procès de Voltaire contre Travenol, qui durera seize mois.

1747 Juin : première version de *Zadig* imprimée en Hollande.

Octobre : Mme du Châtelet au jeu de la reine ; Voltaire : « Vous jouez avec des filous. » Fuite à Sceaux, chez la duchesse du Maine ; Voltaire écrit des contes pour distraire la duchesse.

1748 Février : premier séjour à Lunéville, à la cour du roi Stanislas ; Mme du Châtelet s'éprend de Saint-Lambert.

29 août 1748 : première de *Sémiramis ;* le public boude.

19 septembre : Voltaire arrive à Commercy, après s'être arrêté six jours, mourant, à Châlons.

Octobre : Voltaire surprend Mme du Châtelet dans les bras de Saint-Lambert.

1749 Janvier : Mme du Châtelet enceinte ; on convoque M. du Châtelet, on lui persuade qu'il va être père.

16 juin : *Nanine.*

4 septembre : Mme du Châtelet met au monde une fille, qui ne vivra pas.

10 septembre : mort de Mme du Châtelet.

Octobre : Voltaire à Paris, dans la maison qu'il a habitée avec Mme du Châtelet; il se lève la nuit, et erre dans l'obscurité, appelant son amie.

1750 12 janvier : *Oreste.*

28 juin : Voltaire, ayant pris congé du roi à Compiègne, part pour Berlin.

21 juillet : arrivée à Potsdam.

6 novembre : désenchantement : la lettre des « mais »; début de l'affaire Hirschel.

Décembre : le roi, furieux, refuse de voir Voltaire jusqu'au règlement de l'affaire.

1751 Septembre : Frédéric II aurait dit, en parlant de Voltaire : « On presse l'orange et on jette l'écorce. »

11 novembre : mort de La Mettrie; la place d'« athée du roi » est vacante.

1752. Septembre : Voltaire prend parti contre Maupertuis, dans la querelle de celui-ci avec Kœnig. Projet d'un *Dictionnaire philosophique.*

24 décembre : Frédéric II fait brûler dans les carrefours de Berlin *la Diatribe du docteur Akakia,* où Voltaire tournait en dérision un haut fonctionnaire de l'État prussien : Maupertuis, directeur de l'Académie de Berlin. Voltaire a placé ses capitaux chez le duc de Wurtemberg; il est décidé à partir.

1753 27 mars : il a quitté Berlin et arrive à Leipzig.

20 avril : arrive à Gotha, très bien reçu par le duc et la duchesse.

31 mai-7 juillet : Voltaire retenu de force à Francfort par Freytag, résident de Prusse : « Le livre de poésies du roi mon maître. »

29 juillet : arrive à Schwetzingen, chez l'Électeur palatin; y passe quinze jours.

2 octobre 1753 - 11 novembre 1754 : Voltaire à Colmar.

Décembre 1753 : édition frauduleuse de l'*Histoire universelle* (publiée à l'instigation de Frédéric II, pour perdre Voltaire?).

1754 12 décembre : Voltaire fait son entrée à Genève.

1755 10 février : mort de Montesquieu.

14 février : Voltaire achète *les Délices* à Genève.

18 juin : le Conseil de Genève reçoit la dédicace du *Discours sur l'inégalité* de Rousseau.

26 juillet : Voltaire fait arrêter à Genève le libraire Grasset. *La Pucelle* est sur le point d'être imprimée.

31 juillet : le Consistoire se plaint des représentations théâtrales données aux *Délices.*

20 août : *l'Orphelin de la Chine.* à Paris; pour la première fois les actrices jouent sans paniers.

24 novembre : Voltaire vient d'apprendre le tremblement de terre de Lisbonne; il commence aussitôt son *Poème sur le désastre de Lisbonne.*

9 décembre : début de sa collaboration à *l'Encyclopédie.*

1756 18 mai : début de la guerre de Sept Ans : l'Angleterre déclare la guerre à la France.

Août : séjour de D'Alembert aux Délices ; préparation de l'article *Genève*.

Novembre : les chars de combat de Voltaire proposés au ministre de la Guerre.

20 décembre : Voltaire intervient, sans succès, en faveur de l'amiral anglais Byng, accusé de trahison. Publication de l'*Essai sur les mœurs*.

1757 Février : Voltaire à Lausanne ; Berne ordonne une enquête sur l'orthodoxie des pasteurs de Lausanne.

Août-septembre : Frédéric II, en mauvaise position, cherche à faire la paix avec la France ; le roi et sa sœur, la margrave de Bayreuth, correspondent avec Voltaire, ami du Premier ministre, Bernis. Voltaire exhorte Frédéric II à ne pas se suicider en cas de désastre militaire.

Novembre : Mme d'Épinay à Genève.

5 novembre : Rossbach.

Décembre : l'article *Genève* fait scandale à Genève, Voltaire accusé de l'avoir inspiré ; à Paris, campagne contre les Cacouacs = les philosophes.

1758 Janvier : d'Alembert abandonne l'*Encyclopédie*.

8 février : la Déclaration des pasteurs contre l'article *Genève* est publiée.

Juillet-août : Voltaire à Schwetzingen, chez l'Électeur palatin ; il écrit *Candide* ; il cherche à acheter une terre hors de Genève.

Octobre : affaire Saurin ; achat de Ferney ; Rousseau publie la *Lettre sur les spectacles*.

3 décembre : Choiseul est nommé ministre des Affaires étrangères ; il le restera jusqu'au 24 décembre 1770.

11 décembre : Voltaire achète Tourney au président de Brosses.

1759 Janvier : publication de *Candide*.

6 février : le parlement de Paris condamne l'*Encyclopédie*, la *Loi naturelle* de Voltaire, *l'Esprit* d'Helvétius.

Octobre : campagne contre les ennemis des philosophes : *Relation de la maladie du jésuite Berthier...*

Automne : de nouveau Voltaire sert d'intermédiaire à des négociations de paix secrètes entre Frédéric II et la France.

1760 Mars : campagne contre Lefranc de Pompignan.

2 mai : *les Philosophes*, comédie de Palissot.

17 juin : Rousseau envoie une lettre de rupture à Voltaire : « Je ne vous aime point, Monsieur... »

Septembre : *Dialogues chrétiens* : Voltaire, qui en est l'auteur, porte plainte au Conseil de Genève, et fait poursuivre un libraire de Lyon.

3 septembre : *Tancrède* joué à Paris.

21 septembre : grandes fêtes à Ferney pour le mariage du résident de France à Genève.

Octobre : nombreuses représentations à Ferney et aux Délices; nouvelle plainte des pasteurs.

Décembre : adoption de Mlle Corneille; affaire des jésuites d'Ornex : Voltaire paie les dettes des frères Crassy.

28 décembre : affaire Decroze : Voltaire prend la défense d'un jeune homme bastonné chez une veuve légère par le curé de Moens, près de Ferney.

1761 Janvier : *Lettres sur la Nouvelle Héloïse*, mises sur le compte du marquis de Ximénés.

14 mars : *Épître à Mme Denis sur l'agriculture*.

Mai : réfection de l'église de Ferney; le *patibulum* : Voltaire accusé de sacrilège.

Été : Voltaire prépare l'édition de Corneille, avec commentaire, pour doter Mlle Corneille.

Septembre : le parlement de Paris ordonne d'examiner les Constitutions de jésuites, procédure qui aboutira à leur expulsion.

Octobre : Voltaire intervient en faveur du pasteur Rochette, arrêté dans le ressort du parlement de Toulouse, et passible de mort; il sera exécuté avec trois gentilshommes qui avaient tenté de le délivrer (18 février 1762).

1762 Février : intensification de la propagande de Voltaire : diffusion de l'*Extrait* de Meslier et du *Sermon des cinquante*.

10 mars : exécution de Jean Calas à Toulouse.

22 mars : Voltaire en est informé.

4 avril : il lance l'affaire Calas.

Avril : Sirven se réfugie à Lausanne; Voltaire ajourne le lancement de l'affaire Sirven, jusqu'au succès de la campagne en faveur de Calas.

19 juin : *Émile* et le *Contrat social* condamnés à Genève; Voltaire assure qu'il n'y est pour rien.

Septembre : *les Erreurs de Voltaire*, par Nonotte.

1763 12 février : mariage de Mlle Corneille.

7 mars : le Conseil du roi ordonne la révision du procès Calas.

Décembre : le *Traité sur la tolérance* est imprimé.

1764 Février : interventions de Voltaire en faveur de galériens huguenots.

17 mars : première à Paris d'*Olympie* (« ô l'impie! »); peu de succès. Désormais les nouvelles tragédies de Voltaire sont de plus en plus mal reçues par le public parisien.

Mars : Voltaire propose d'établir une colonie de protestants français à la Guyane.

Avril : *Discours aux Welches*.

Juin : première édition du *Dictionnaire philosophique portatif*.

Décembre : Voltaire fait éditer *Sur la destruction des jésuites* de D'Alembert; nouvelle édition du *Portatif; le Sentiment des citoyens*, contre Rousseau.

1765 9 mars : réhabilitation de Calas.

Mars : impression en Hollande de la *Philosophie de l'histoire.*

Septembre : Damilaville à Ferney; projets de campagne philosophique; les *Questions sur les miracles.*

Automne : Voltaire se mêle du conflit entre « Négatifs » et « Représentants ».

1766 Avril : Voltaire est passé au parti des « Natifs », il propose d'autre part à Choiseul de profiter de l'occasion pour annexer Genève « à l'amiable ».

Mai : *le Philosophe ignorant.*

1er juillet : supplice du chevalier de La Barre; le *Dictionnaire philosophique* est brûlé sur son corps.

14 juillet : la *Relation de la mort du chevalier de La Barre*; Voltaire se réfugie en Suisse; il propose aux philosophes de s'établir à Clèves, en territoire prussien.

Octobre : querelle Rousseau-Hume.

1767 Janvier : blocus de Genève; le ravitaillement de Ferney est coupé.

Mars : l'affaire Sirven entre dans une phase active; *Questions de Zapata.* Projet d'établir les « Natifs » à Versoix.

Mai : les jésuites expulsés d'Espagne; Versailles, Vienne et Madrid ont demandé au pape la suppression d'un certain nombre de couvents. Publication de l'*Examen important de milord Bolingbroke.*

Juillet : la *Défense de mon oncle; l'Ingénu.*

1768 Mars : Voltaire expulse de Ferney Mme Denis; il reste seul avec son secrétaire, et le père Adam, qui lui sert de copiste : période de production intensive. *La Princesse de Babylone.*

Avril : Voltaire fait ses Pâques dans son église puis « il prêche un peu ces coquins qui volent continuellement »; étonnement et incertitude dans l'Europe entière; intervention de Mgr Biord, évêque d'Annecy, dont dépend Ferney.

18 juin : les travaux de Versoix commencent.

1769 1er avril : malgré l'interdiction de Mgr Biord, Voltaire réussit encore à faire ses Pâques, dans sa chambre, en jouant la comédie de l'agonie.

Octobre : Mme Denis revient à Ferney. Cette année-là : *les Guèbres, Dieu et les Hommes*, et de nombreux pamphlets.

1770 Janvier : Voltaire commence les *Questions sur l'Encyclopédie*, qui l'occuperont jusqu'en 1772; tâche immense : 9 volumes; le dernier grand effort de Voltaire.

Août : Voltaire écrit une réfutation du *Système de la Nature* de D'Holbach; la propagande athéiste de D'Holbach et Diderot l'inquiète.

7 septembre : un serf et une serve des chanoines de Saint-Claude, battus par leurs propriétaires, sont venus demander protection à Voltaire.

1771 Janvier : création des parlements Maupeou; approbation de Voltaire : *la Méprise d'Arras*, sur la scandaleuse affaire Monbailly.

25 novembre : acquittement définitif de Sirven.

1772 Septembre : *Épître à Horace.*

23 novembre : Thiriot meurt.

Décembre : en tête-à-tête avec Mlle Judith de Saussure, Voltaire serait, trois fois, tombé en défaillance ; on parle à Paris des exploits amoureux du patriarche ; Voltaire, flatté, dément faiblement.

1773 Janvier : il espère revenir à Paris, grâce au succès des *Lois de Minos*, mais il ne réussira même pas à faire jouer sa pièce.

Février-mars : il est gravement malade de la strangurie, dont il mourra ; après cette crise, il ne récupère pas complètement ses forces ; sa puissance de travail a beaucoup diminué.

1774 5 janvier : première de *Sophonisbe* à Paris : rires et sifflets. Publication du *Taureau blanc*. La principale occupation de Voltaire en 1774 est d'obtenir la réhabilitation du jeune d'Étallonde, complice de La Barre, qui s'était réfugié en Prusse ; Voltaire ne réussira pas.

10 mai : mort de Louis XV.

1775 Juin : séjour de Mme Suard à Ferney ; lettres intéressantes à son mari.

12 décembre : édit de Turgot détachant le pays de Gex des fermes générales, obtenu par Voltaire ; enthousiasme de Voltaire pour la politique de Turgot.

1776 Avril : *la Bible enfin expliquée.*

1777 Juillet : Joseph II visite Genève, sans se rendre à Ferney, où Voltaire l'attendait.

4 octobre : grande fête à Ferney, pour la Saint-François ; les habitants acclament Voltaire.

1778 10 février : Voltaire arrive à Paris.

11 février : plus de trois cents personnes lui rendent visite.

20 février : Voltaire est exténué ; crachements de sang, qui continueront pendant une vingtaine de jours.

2 mars : Voltaire signe une rétractation, et reçoit l'absolution de l'abbé Gaultier ; il refuse la communion.

30 mars : Voltaire va beaucoup mieux ; journée d'apothéose : séance de l'Académie ; représentation d'*Irène*.

7 avril : Voltaire reçu maçon à la loge des Neuf-Sœurs.

7 mai : il présente le projet d'un nouveau dictionnaire à l'Académie française ; énervement, colère.

11 mai : Voltaire entre en agonie.

30 mai 1778 : mort de Voltaire.

État présent des études voltairiennes

> « Il y a trop de livres... La vue d'une bibliothèque me fait tomber en syncope. » (Voltaire, *Lettres chinoises*...)

Voltaire est un auteur bref qui a laissé une œuvre immense. Au lecteur qui s'y aventure il faut des guides. Ceux-ci existent ; nous les devons à l'érudition voltairienne du siècle dernier. C'est Beuchot qui, à partir de 1827, a établi le texte des *Œuvres de Voltaire* : Moland n'a ajouté à cette « vulgate » que quelques milliers de lettres[1]. Desnoiresterres a raconté en 8 volumes la vie de Voltaire[2]. Bengesco a débrouillé le dédale de ses éditions[3]. Tous ces instruments, qui avaient vieilli, sont progressivement remplacés.

La dernière édition des *Œuvres complètes*, par Moland, remonte à plus d'un siècle. Une nouvelle édition, par les soins du centre voltairien d'Oxford, la Voltaire Foundation, est en cours de publication[4] (notices et notes en français et en anglais). 71 volumes ont paru (voir p. 203). D'autre part, les principales œuvres peuvent être lues en éditions critiques, notamment : *Candide* par A. Morize (1957) et R. Pomeau (1959), les *Lettres philosophiques* par G. Lanson (1909, rééd. 1964), *Zadig* par G. Ascoli (1929, rééd. 1967), *l'Ingénu* par W.R. Jones (1936), le *Traité de métaphysique* par H. Temple Patterson (1937, rééd. 1957), *Micromégas* par I.O. Wade (1950), *le Taureau blanc* par R. Pomeau (1957), *les Lettres d'Amabed* par A. Jovicevich (1961), *la Mort de César* par A.-M. Rousseau (1964), *la Diatribe du docteur Akakia* par Ch. Fleischauer (1964) et par J. Tuffet (1967), *Histoire de la guerre de 1741* par J. Maurens (1971), *la Défense de mon oncle* par J.-M. Moureaux (1978). Les principales œuvres de Voltaire historien ont été publiées, avec des introductions et un choix étendu de variantes, par R. Pomeau : les *Œuvres historiques (Histoire de Charles XII, le Siècle de Louis XIV, Précis du siècle de Louis XV*, et annexes) dans la Bibliothèque de la Pléiade (1957) ; l'*Essai sur les mœurs* aux éditions Garnier (1963).

Depuis l'édition Moland, quels textes de Voltaire ont été mis au jour ? Florence D. White a réédité le texte anglais de l'*Essay on Epick Poetry* de 1727 (Albany, 1915) : cette œuvre de Voltaire, écrite directement en anglais, n'a jamais été publiée en France. Le texte français, refait par Voltaire en 1733, est assez différent du précédent.

Mais, depuis Moland, un apport considérable d'inédits a été fourni par les *Carnets* et par la *Correspondance*. Voltaire prenait ses notes sur des carnets dont un certain nombre ont été conservés. Le plus ancien que l'on connaisse est l'*English Notebook*, rédigé en anglais par Voltaire au début de son séjour en Angleterre[5]. Fernand Caussy, dans le volume des *Œuvres inédites* (1914), a publié des fragments historiques extraits de carnets conservés à la bibliothèque historique de la ville de Paris et à Saint-Pétersbourg; on regrette que la méthode de cette édition ne respecte pas la contexture des carnets. C'est ce que fait au contraire Th. Besterman dans son importante édition des *Voltaire's Notebooks* (Genève, 1951, reprise dans les *Œuvres complètes).* La majeure partie de ces deux volumes est inédite : on y trouve un second carnet anglais qui date des années où Voltaire préparait les *Lettres philosophiques,* et le texte intégral de la suite de carnets publiée antérieurement, de façon fort incomplète, sous le titre de *Sottisier.*

D'autres carnets se cachent encore dans les collections particulières (voir le relevé de Th. Besterman, pp. 42-47 des *Notebooks).* On sait que la bibliothèque de Voltaire et la plupart de ses papiers ont été vendus, après sa mort, à Catherine II; ces documents se trouvent aujourd'hui à Saint-Pétersbourg, et n'ont pas livré tous leurs secrets. F. Caussy a publié le catalogue des manuscrits conservés dans ce fonds[6]. Norman L. Torrey a étudié les annotations marginales portées par Voltaire sur les ouvrages des déistes anglais[7]. M. Wade a extrait de Leningrad des matériaux relatifs à la période de Cirey[8]. Mais la publication majeure est celle du catalogue des livres de la *Bibliothèque de Voltaire* (Moscou et Leningrad, 1961), telle que celle-ci subsiste à la bibliothèque Saltykov-Chtchdrine, section des livres rares : cet in-8° de 1 170 pages donne la liste, en français, de 3 867 titres avec indication des marques de lecture et annotations. Les savants russes ont établi le relevé des notes marginales : quatre volumes ont paru (lettres A-K), *Corpus des notes marginales de Voltaire,* distribué par la Fondation Voltaire d'Oxford.

La partie la plus insuffisante de l'édition Moland était la *Correspondance :* fautes de lecture, « puddings » fabriqués par les auteurs de la première édition posthume de Voltaire, dite de Kehl, datation incertaine. En outre, depuis Moland, des centaines de lettres ont été retrouvées et publiées un peu partout.

L'édition de la *Correspondance générale* était donc à refaire : tâche immense qu'a entreprise Th. Besterman, directeur de l'Institut Voltaire de Genève. Aujourd'hui terminée, cette publication comprend 107 volumes et 20054 lettres. Il est habituel que, à peine achevée, une correspondance générale soit à republier, en raison des inédits découverts dans l'intervalle. Mais il est exceptionnel que le même éditeur entreprenne immédiatement cette refonte, comme l'a fait Th. Besterman dans le cadre de la nouvelle édition des *Œuvres complètes.* Cette seconde *Correspondance* fut achevée en 1977 : 51 volumes, comportant plusieurs centaines de lettres nouvelles. Une telle publication, comme la précédente, est le résultat d'un travail critique considérable : Th. Besterman est remonté au manuscrit de chaque lettre, ou, à défaut, à l'édition la plus ancienne. La provenance de la date est toujours précisée. Miroir d'une vie et d'une époque, cette édition a renouvelé les études voltairiennes; ce qu'attestent, entre autres publications, les *Studies on Voltaire and the Eighteenth Century,* paraissant depuis 1955 (Institut et musée Voltaire, Genève, puis *The Voltaire Foundation,* Oxford).

Il n'est pas possible d'énumérer ici même les plus importants des ouvrages parus sur Voltaire. On en trouvera la liste dans la *Bibliographie* de M. Barr[9]. Il résulte de toutes ces publications que la vieille biographie de Desnoiresterres est aujourd'hui largement dépassée. C'était certes un excellent travail : sa longévité, qui dépasse un siècle, exceptionnelle pour un ouvrage de ce genre, l'a prouvé. Ce fut longtemps le meilleur exposé de la vie de Voltaire que l'on pouvait lire. Mais, dans ces 8 volumes, il y avait beaucoup à corriger et à ajouter.

On observera que le point de vue choisi par le narrateur est « Voltaire et la société du XVIIIe siècle ». Desnoiresterres, auteur des *Cours galantes,* s'intéresse principalement à l'histoire anecdotique et mondaine de Voltaire. L'histoire de la pensée et l'histoire de l'œuvre manquent dans ce récit biographique. Et c'est pourtant bien là l'essentiel : Voltaire est un homme qui a passé sa vie à écrire. La présentation de Desnoiresterres exagère l'impression que donne Voltaire d'être un individu tout en surface. Desnoiresterres n'approfondit pas la psychologie de son personnage. Une fois refermé le huitième volume, une grande incertitude subsiste. L'idée s'imposait d'une nouvelle biographie de Voltaire. Il convenait de tenir compte de tout l'acquis de nos connaissances, depuis un siècle. Il fallait en outre se placer dans une perspective toute différente : celle du ou des projets de l'écrivain, et celle de son œuvre. C'est en cet esprit que René Pomeau et ses collaborateurs ont rédigé les 5 volumes de *Voltaire en son temps* (1985-1994), publiés par la Fondation Voltaire d'Oxford et les éditions Universitas de Paris (voir p. 201).

Auparavant plusieurs essais biographiques avaient réussi à cerner de plus près cet auteur insaisissable. Le *Voltaire* de Lanson (1906) n'a guère vieilli ; les essais subséquents l'ont complété plutôt que remplacé. Voltaire apparaît sous d'autres éclairages dans *The Spirit of Voltaire* de Norman L. Torrey (New York, 1938), dans *Voltaire, l'homme et l'œuvre* de Raymond Naves (Paris, 1942), dans *Voltaire l'impétueux* d'André Delattre (1957), dans le *Voltaire* de Th. Besterman (1969). L'époque où l'on pouvait escompter de grandes révélations sur la vie et l'œuvre de Voltaire est sans doute révolue ; mais le temps passe, les hommes changent, et l'histoire posthume de Voltaire continue. Il reste légitime de poser les questions, toujours actuelles, auxquelles s'est efforcé de répondre le présent essai : Qui fut Voltaire ? Qu'a-t-il à dire aux hommes d'aujourd'hui ?

1. *Œuvres complètes de Voltaire*, Paris, Garnier, 1877-1885, 52 vol.
2. *Voltaire et la Société française au XVIIIe siècle,* Paris, Didier, 1867-1876, 8 vol., réimpr. Slatkine Reprints, Genève, 1967.
3. *Voltaire, bibliographie de ses œuvres*, Paris, Perrin, 1882-1890, 4 vol. ; un vol. de *Tables* a été publié par Jean Malcolm, Genève, 1953. Une nouvelle bibliographie est en préparation à la Voltaire Foundation.
4. The Voltaire Foundation, Taylor Institution, Oxford, G.-B.
5. Norman L. Torrey en a donné une très bonne édition, *Modern Philology,* 1929, p. 307-325.
6. *Nouvelles archives des missions scientifiques et littéraires.* Paris, 1913.
7. *Voltaire and the English Deists,* New Haven, 1930.
8. *Studies on Voltaire,* Princeton, 1947.
9. *A Bibliography of Writings on Voltaire* (1825-1925), New York, 1929 ; complétée, avec la collaboration de Frederick A. Spear, dans *Quarante Années d'études voltairiennes,* bibliographie analytique des livres et articles sur Voltaire (1926-1965). Paris, A. Colin, 1968.

Bibliographie

La présente bibliographie a été établie par Ghislain Sartoris et Christine Chaufour-Verheyen (1988), et revue par René Pomeau.

I - Éditions des Œuvres complètes

L'Édition dite « *encadrée* », Genève, Cramer et Bardin, 1775, 40 vol. in-8°.

Œuvres complètes de Voltaire, éd. de Kehl, par Beaumarchais, 1784, 70 vol. in-8° ou 92 vol. in-12.

L'Édition dite « *Beuchot* », Paris, 1834, 72 vol. in-8°.

Œuvres complètes de Voltaire, publiées par Louis Moland, Paris, Garnier Frères, 1877-1882, 50 vol. in-8° et 2 vol. de tables.

L'édition Moland est progressivement remplacée par celle de la *Voltaire Foundation*, Oxford. Texte de Voltaire en français, notes critiques en français ou en anglais. Depuis 1968 71 volumes ont paru (voir *œuvres en librairie*).

II - Bibliographie des œuvres de Voltaire

Georges Bengesco, *Voltaire. Bibliographie de ses œuvres*, Paris, 1882-1890, 4 vol. ; Kraus reprint LTD Nendeln, Liechtenstein, 1967.

Voir les deux volumes *Voltaire* du *Catalogue général des ouvrages imprimés de la Bibliothèque nationale*, établis par Hélène Frémont, Marie-Laure Chastang, Madeleine Courier et Dominique Layat.

III - Bibliographies critiques

Mary Margaret H. Barr, *Quarante Années d'études voltairiennes (1926-1965)*, Paris, A. Colin, 1968.

Jérôme Vercruysse, *Bibliographie des écrits français relatifs à Voltaire (1717-1830)*, Genève, 1968.

IV - Ouvrages généraux

William H. Barber, *Leibniz in France, from Arnauld to Voltaire*, Oxford, 1955.

Léon Brunschvicg, *Les Progrès de la conscience dans la philosophie occidentale*, Paris, PUF, 1927.

Ernst Cassirer, *La Philosophie des Lumières*, Tübingen, 1932 ; trad. fr., Paris, Fayard, 1966.

Friedrich Meinecke, *Die Entstehung des Historismus*, Munich, 1936 ; réédité dans le t. III des *Werke*, Munich, 1959.

Paul Hazard, *La Pensée européenne au* XVIII*e siècle. De Montesquieu à Lessing*, Paris, Boivin, 1946, 3 vol.

Maxime Leroy, *Histoire des idées sociales en France*, t. I : *De Montesquieu à Robespierre*, Paris, Gallimard, coll. « Bibliothèque des Idées », 1946.

Jean-Edouard Spenlé, *Les Grands Maîtres de l'humanisme européen*, préface de Gaston Bachelard, Paris, Corrêa, 1952.

Bernard Groethuysen, *Philosophie de la Révolution française*, précédé de *Montesquieu*, Paris, Gallimard, coll. « Bibliothèque des Idées », 1956 ; rééd. coll. « Tel », n° 67.

Robert Mauzi, *L'Idée du bonheur dans la littérature et la pensée françaises au* XVIIIe *siècle*, Paris, Colin, 1960.

Jean Wahl, *Tableau de la philosophie française*, Paris, Gallimard, coll. « Idées », 1962.

Émile Bréhier, *Histoire de la philosophie*. II *La Philosophie moderne*. 2. *Le Dix-Huitième Siècle*, Paris, PUF, 1962.

Lester G. Crocker, *An Age of Crisis. Man and World in* XVIIIth *Century Thought*, Baltimore, John Hopkin Press, 1959 ; et *Nature and Culture : Ethical Thought in the French Enlightenment*, *ibid.*, 1963.

Jean Ehrard, *L'Idée de nature en France dans la première moitié du* XVIIIe *siècle*, Paris, SEVPEN, 1963, 2 vol.

Roland Mortier, *Clartés et Ombres du Siècle des Lumières, études sur le* XVIIIe *siècle littéraire*, Genève, Droz, 1969.

Michèle Duchet, *Anthropologie et Histoire au Siècle des Lumières*, Paris, Maspero, 1971.

Georges Gusdorf, *L'Avènement des sciences humaines au Siècle des Lumières*, Paris, Payot, 1973.

Georges Benrekassa, *Le Concentrique et l'Excentrique : marges des Lumières*, Paris, Payot, 1980.

Georges Benrekassa, *La Politique et sa mémoire : le politique et l'historique dans la pensée des Lumières*, Paris, Payot, 1983.

Béatrice Didier, *Le Siècle des Lumières*, MA éditions, 1987.

René Pomeau, *L'Europe des Lumières*, nouv. éd., Paris, Stock, 1991.

Daniel Roche, *La France des Lumières*, Paris, Fayard, 1993.

V - Études

Gustave Desnoiresterres, *Voltaire et la Société au* XVIIIe *siècle*, Paris Didier 1867-1876, 8 vol.

Émile Faguet, *Voltaire*, Paris, Société française d'imprimerie et de librairie, coll. « Classiques populaires », 1895.

Gustave Lanson, *Voltaire*, Paris, Hachette, 1906, rééd. par René Pomeau, Paris, Hachette, 1960.

André Bellessort, *Essai sur Voltaire*, Paris, Perrin, 1925.

Paul Chaponnière, *Voltaire chez les calvinistes*, Paris, Perrin, 1936.

Raymond Naves, *Le Goût de Voltaire*, Paris, Garnier, 1938.

Raymond Naves, *Voltaire et l'« Encyclopédie »*, Paris, éd. des Presses modernes, 1938, réimpr. Genève.

Norman L. Torrey, *The Spirit of Voltaire*, New York, Columbia University Press, 1938.

Albert Cherel, *Déceptions et Confiances de Voltaire*, Paris, R. Picquot, 1941.

Ira-O. Wade, *Voltaire and Mme du Châtelet at Cirey*, Princeton University Press, 1941.

Raymond Naves, *Voltaire*, Paris, Hatier-Boivin, 1942.

Paul Valéry, *Voltaire : discours prononcé le 10 décembre 1944 en Sorbonne*, Paris, Montchrestien, 1945.

François Mauriac, *Voltaire contre Pascal*, Paris, Éd. de la Belle Page, 1929; réimpr. *in Mes grands hommes*, Monaco, Éd. du Rocher, 1949.

Fernand Vial, *Voltaire, sa vie et son œuvre*, Paris, Didier, 1953.

B. Gilles, *Voltaire, son temps, sa vie, son œuvre*, Paris, Tournier et Constans, 1953.

Jean Lecomte, *Expliquez-moi Voltaire*, Paris, Foucher, 1953.

Jean Guéhenno, *Aventures de l'esprit*, Paris, Gallimard, 1954.

André Maurois, *Voltaire*, Paris, Gallimard, 1955.

René Pomeau, *La Religion de Voltaire*, Paris, Nizet, 1956, nouv. éd., 1969.

André Delattre, *Voltaire l'impétueux*, Paris, Mercure de France, 1957.

Jacques Van den Heuvel, article « Voltaire », *in* « Encyclopédie de la Pléiade », *Histoire des littératures*, Paris, Gallimard, 1958.

J. H. Brumfitt, *Voltaire Historian*, Oxford, 1958.

Furio Diaz, *Voltaire Storico*, Torino, 1958.

Peter Gay, *Voltaire's Politics*, Princeton University Press, 1959.

William H. Barber, *Voltaire, Candide*, London, 1960.

Nancy Mitford, *Voltaire amoureux*, Paris, Stock, 1959 (trad. fr. par Jacques Brousse).

Jean Sareil, *Anatole France et Voltaire*, Genève, Droz, Paris, Minard, 1961.

Henri Bellugou, *Voltaire et Frédéric II au temps de la marquise du Châtelet, un trio singulier*, Paris, Rivière, 1962.

René Pomeau, *Politique de Voltaire*, Paris, Armand Colin, 1963.

Roland Barthes, *Essais critiques*, Paris, Éd. du Seuil, coll. « Tel Quel », 1964.

C. Bontemps, « L'Affaire Calas », in *Quelques Procès criminels des* XVIIe *et* XVIIIe *siècles*, Paris, PUF, 1964.

André Castelot, *L'Affaire Calas*, Paris, Presses-Pocket, 1965.

Guillaume Picot, *La Vie de Voltaire, Voltaire devant la postérité*, Paris, SEDES, 1967.

Jean Sareil, *Essai sur « Candide »*, Genève, Droz, 1967.

Jacques Van den Heuvel, *Voltaire dans ses contes, de « Micromégas » à « l'Ingénu »*, Paris, Armand Colin, 1967.

Theodore Besterman, *Voltaire*, Londres, Longmans, 1969.

Ira-O. Wade, *The Intellectuel Development of Voltaire*, Princeton University Press, 1969.

Léon Vernier, *Étude sur Voltaire grammairien et la grammaire au* XVIIIe *siècle*, Paris, Hachette, 1888; réimpr. Genève, Slatkine, 1970.

Charles Oulmont, *Voltaire en robe de chambre,* Strasbourg, 1970.

Côme Alexandre Collini, *Mon séjour auprès de Voltaire,* Paris, Léopold Collin, 1807 ; réimpr. Genève, Slatkine, 1970.

André Morize, *L'Apologie du luxe au* XVIIIe *siècle et « le Mondain » de Voltaire,* Paris, Didier, 1909 ; réimpr. Genève, Slatkine, 1970.

Jérôme Vercruysse, *Les Domiciles bruxellois de Voltaire : 1739-1742,* Bruxelles, 1971.

Pol Gaillard, *« Candide », Voltaire : analyse critique,* Paris, Hatier, coll. « Profil d'une œuvre », 1972.

Hugues Micha, *Voltaire d'après sa correspondance avec Mme Denis : étude sur la sensibilité de Voltaire,* Paris, Nizet, 1972.

D. J. Adams, *La Femme dans les contes et les romans de Voltaire,* Paris, Nizet, 1974.

André Billaz, *Les Écrivains romantiques et Voltaire : essai sur Voltaire et le romantisme en France : 1795-1830,* Lille, Paris, Diffusion Champion, 1974.

Henri Guillemin, *Jean-Jacques Rousseau, Voltaire, Rimbaud, Vallès,* Bruxelles, Cercle d'éducation populaire, 1974.

Haydn T. Mason, *Voltaire,* Londres, Hutchinson, 1975.

Jacques Van den Heuvel. *L'Affaire Calas et Autres Affaires.* Paris, Gallimard, coll. « Folio », 1975.

André-Michel Rousseau, *L'Angleterre et Voltaire,* Oxford, The Voltaire Foundation, 1976, 3 vol.

Jean Orieux, *Voltaire ou la Royauté de l'esprit.* Paris, Flammarion, 1977 ; Paris, Le Livre de poche, 1980.

Charles Riks, *Voltaire : recherches sur les origines du matérialisme historique,* Paris, Champion, 1977.

François Bluche, Pierre de Boisdeffre, *Voltaire,* Paris, Hachette, coll. « Génies et Réalités », 1978.

Claude Lauriol, *La Beaumelle. Un protestant cévenol entre Montesquieu et Voltaire,* Genève-Paris, Droz, 1978.

Jean Sareil, *Voltaire et les Grands.* Genève, Droz, Paris, Minard, 1978.

Voltaire and the English, actes du colloque d'Oxford, Oxford, The Voltaire Foundation, 1979.

Voltaire-Rousseau 1778-1978, numéro spécial de la *Revue d'histoire littéraire de la France,* Paris, Armand Colin, 1979.

Actes du Colloque international de Nice sur Rousseau et Voltaire en 1776-1778, université de Nice, 1979 ; Genève-Paris Slatkine, 1981.

Voltaire, Rousseau et la Tolérance, Maison Descartes d'Amsterdam, Lille, Presses universitaires de Lille, 1980.

Les Lumières en Hongrie, en Europe centrale et en Europe orientale, actes du IVe colloque de Matrafured, 20-25 octobre 1978, *Journées d'études Voltaire-Rousseau,* Budapest, Société hongroise d'étude du XVIIIe siècle, 1981.

Jean Mohsen Fahmy, *Voltaire et Paris,* Oxford, The Voltaire Foundation, 1981.

Michèle Mat-Hasquin, *Voltaire et l'Antiquité grecque*, Oxford, The Voltaire Foundation, 1981.

Voltaire et Rousseau en France et en Pologne, actes du colloque de Nieborow, octobre 1978, Varsovie, Les Cahiers de Varsovie, 1982.

Pierre-Georges Castex, *Voltaire, « Micromégas », « Candide »*, « l'Ingénu », Paris, SEDES, 1982.

Album Voltaire, iconographie choisie et commentée par J. Van den Heuvel, Paris, Gallimard, « Album de la Pléiade », 1983.

Henri Gouhier, *Rousseau et Voltaire : portraits dans deux miroirs*, Paris, Vrin, 1983.

Ferney-Voltaire. Pages d'histoire, Cercle d'études ferneysiennes, Annecy, 1984.

Christiane Mervaud, *Voltaire et Frédéric II, une dramaturgie des Lumières*, Oxford, The Voltaire Foundation, 1985.

Roger Peyrefitte, *Voltaire, sa jeunesse et son temps*, Paris, Albin Michel, 1985.

André Magnan, *Dossier Voltaire en Prusse (1750-1753)*, Oxford, The Voltaire Foundation, 1986.

Corrado Rosso, *Les Tambours de Santerre. Essais sur quelques éclipses des lumières au* XVIII*e siècle*. Pise, Édit. Libr. Goliardica, 1986.

Le Siècle de Voltaire, hommage à René Pomeau, recueil collectif, Oxford, The Voltaire Foundation, 1987, 2 vol.

Jacques Bréhant, Raphaël Roche, *L'Envers du roi Voltaire (Quatre-vingt ans de la vie d'un mourant)*, Paris, Nizet, 1989.

Jean Goldzink, *Voltaire, La légende de saint Arouet*, Paris, Gallimard, 1989.

Christiane Mervaud, *Voltaire en toutes lettres*, Paris, Bordas, 1991.

Geneviève Haroche-Bouzinac, *Voltaire dans ses lettres de jeunesse (1711-1733)*, Paris, Klincksieck, 1992.

Meng Hua (Mme), *Voltaire et Confucius*, Pékin, éditions Xinhua, 1993 (en chinois).

Rémy Bijaoui, *Voltaire avocat. Calas, Sirven et autres affaires*, Paris, Tallandier, 1994.

Condorcet, *Vie de Voltaire*, préface d'Elisabeth Badinter, Paris, Quai Voltaire, 1994.

René Pomeau et collaborateurs, *Voltaire en son temps*, 5 vol., Oxford, The Voltaire Foundation, et Paris, Universitas, t. I, *D'Arouet à Voltaire (1694-1734)*, par René Pomeau, 1985 ; t. II, *Avec Mme du Châtelet (1734-1749)*, par René Vaillot ; t. III, *De la Cour au jardin (1750-1759)*, par René Pomeau, Christiane Mervaud et collaborateurs, 1991 ; t. IV, *Écraser l'Infâme (1759-1770)*, par René Pomeau et collaborateurs, 1994 ; t. V, *On a voulu l'enterrer (1770-1791)*, par René Pomeau et collaborateurs, 1994.

Catalogues des Expositions du bicentenaire Voltaire, en 1978 :

Exposition Voltaire, Bruxelles, Bibliothèque royale Albert-1er.

Exposition Voltaire (1694-1778) - Rousseau (1712-1778). 4-29 novembre 1978, Bibliothèque municipale et interuniversitaire de Clermont-Ferrand.

Voltaire et ses amis à Ferney, musée de l'Ain, Bourg-en-Bresse, 12 août-15 octobre.

Voltaire, Voyageur de l'Europe, Orangerie du château de Sceaux, 28 avril-5 juillet, musée de l'Île-de-France.

Voltaire : un homme, un siècle, Paris, Bibliothèque nationale, 25 janvier-22 avril 1979.

VI - Articles

Paul Valéry, « Portrait de Voltaire », *Figaro littéraire,* 16 décembre 1944.

René Pomeau, « Voltaire et le héros », *Revue des sciences humaines,* 345-351, octobre-décembre 1951.

René Pomeau, « Voltaire au collège », *Revue d'histoire littéraire de la France,* janvier-mars 1952.

Maurice Rat, « Aux Délices. Quand Voltaire fit la conquête de Casanova », *Figaro littéraire,* 31 janvier 1953.

Maurice Nadeau, « Voltaire conteur », *Bibliothèque mondiale,* n° 3, 1953.

René Pomeau, « La confession et la mort de Voltaire, d'après des documents inédits », *Revue d'histoire littéraire de la France,* juillet-septembre 1955.

Maurice Rat, « Grammairiens et amateurs de beau langage. Voltaire », *Vie et Langage,* n° 73, 1958.

Voir la revue *la Table ronde,* n° 122, consacré à Voltaire : Alain, « Tortures » ; André Maurois, « Voltaire au présent » ; Henri Guillemin, « François-Marie Arouet, dit Zozo, dit Voltaire » ; Maurice Garçon, « Voltaire et la tolérance » ; Jean Cocteau, « Voltaire académicien » ; René Pomeau, « Voltaire européen » ; etc., février 1958.

Voir la revue *Europe,* n°s 361-362, consacrés à Voltaire : Raymond Escholier, « Le premier de nos historiens : Voltaire » ; André Maurois, « Le style de Voltaire » ; Antoine Adam, « Voltaire et les Lumières », etc., mai-juin 1959.

René Pomeau, « Voltaire conteur : masques et visages », *L'Information littéraire,* 1-5, janvier-février 1961.

René Pomeau, « Nouveau regard sur le dossier Calas », *Europe,* n° 398, juin 1962.

Pierre Aubery, « Voltaire était-il antisémite ? », *L'Arche,* n° 90, juillet 1964.

René Pomeau, « Candide entre Marx et Freud », *Studies on Voltaire,* Oxford, 1972.

René Pomeau, « Un bon sauvage voltairien : l'Ingénu », *Studi di letteratura francese,* Firenze, 1981.

Pol Gaillard, « À propos de *Zadig ou la destinée, histoire orientale* », *Raison présente,* juin 1983.

Jean Starobinski, « Voltaire et le malheur des hommes », *Comprendre,* 1981-1983.

René Pomeau, « Voltaire et Shakespeare. Du père justicier au père assassiné », *Littératures,* 9-10, printemps 1984.

René Pomeau, « Rousseau et Voltaire », *Revue d'histoire littéraire de la France,* LXXXIV, 1984.

Jean Starobinski, « Rousseau et Voltaire », *Critique,* XL, 1984.

Robert Granderoute, « Une lettre de Voltaire à Jean-François de Bastide », *Revue d'histoire littéraire de la France,* LXXXIV, 1984.

Robert Condat, « Une lettre inédite de Voltaire (3 janvier 1751) », *Littératures,* 11, automne 1984.

Robert Condat, « Quand Voltaire mène l'enquête (une lettre de Voltaire, avril-mai 1746) », *Littératures,* 13, automne 1985.

Robert Condat, « À propos de deux lettres de Voltaire » ; « Le jeu du langage dans une facétie de Voltaire », *Littératures,* 14, printemps 1986.

René Pomeau, « Était-ce la faute à Voltaire, la faute à Rousseau ? », *Studies Presented to W.H. Barber,* Oxford, 1985.

René Pomeau, « Voltaire, du côté de Sodome ? », *Revue d'histoire littéraire de la France,* LXXXVI, 1986 (réponse à Roger Peyrefitte).

Joseph Biano, « *Zadig* et l'origine du conte philosophique. Aux antipodes de l'unité », *Poétique,* XVII, 1986.

Émile Lizé, « Trois lettres inédites de la correspondance de Voltaire », Oxford, *Studies on Voltaire and the Eighteenth Century,* CCXLI, 1986.

René Pomeau, « *Les lettres philosophiques* ou l'avènement de l'esprit voltairien », *Littératures, 19,* automne 1988.

René Pomeau, « Voltaire en 1789 », *Revue des sciences morales et politiques,* 1989, n° 1.

Dans la *Revue internationale de philosophie,* mars 1994 :

Roland Mortier, « Préface : Voltaire et la philosophie. Réflexions sur un tricentenaire ».

Robert Niklaus, « Voltaire et l'empirisme anglais ».

Furio Diaz, « La vision historique de Voltaire ».

Hisayasu Nakagawa, « Les confucianistes, philosophes tolérants dans la pensée de Voltaire ».

Haydn Mason, « Voltaire et le conte philosophique ».

Christiane Mervaud : « Philosophie et écriture brève : le *Dictionnaire philosophique portatif* ».

José-Michel Moureaux : « La correspondance de Voltaire : du document au monument ? »

Dans la *Revue des deux mondes,* avril 1994 :

Albrecht Betz, « Goethe et Voltaire ».

Andrew Brown, « La Foundation Voltaire et l'Université d'Oxford ».

Frédéric Deloffre, « Voltaire : l'orthographe et la défense du français ».

Haydn Mason, « Voltaire dans le monde anglo-saxon ».

Roland Mortier, « Voltaire européen ».

René Pomeau, « Présence de Voltaire ».

VII - Œuvres de Voltaire en librairie

Œuvres complètes, éd. de Louis Moland, Paris, 1877-1885, Kraus reprint.

Œuvres historiques, éd. de René Pomeau, Paris, Gallimard, coll. « Bibliothèque de la Pléiade », 1957.

Œuvres complètes, The Voltaire Foundation, Oxford et Paris, 1969-1987, en cours de publication. Vol. 2, *La Henriade*; vol. 7, *La Pucelle*; vol. 8, années 1731-1732 (*La Mort de César, Zaïre, Poésies*) ; vol. 10, *Adélaïde Du Guesclin* ; vol. 14, années 1734-1735 (*Alzire, Le Comte de Boursoufle, Traité de métaphysique, Poésies*) ; vol. 15, *Éléments de la philosophie de Newton* ; vol. 17, année 1737 (*Essai sur la nature du feu, Mérope, Discours en vers, Le Songe de Platon*) ; vol. 31 A, année 1749 (*Rome sauvée, Oreste, Dissertation sur les tragédies*) ; vol. 31 B, année 1749 (*Nanine, Des embellissements de Paris, Lettre à l'occasion de l'impôt du vingtième, Des mensonges imprimés*); vol. 33, I, *Œuvres alphabétiques* ; vol. 48, *Candide* ; vol. 50, année 1760, I (*Le Droit du seigneur. L'Écossaise, Anecdotes sur Fréron*) ; vol. 53-55, *Commentaires sur Corneille* ; vol. 59, *La Philosophie de l'histoire* ; vol. 62, années 1766-1767 (*Le Philosophe ignorant, André Destouches à Siam, L'Examen important de milord Bolingbroke, Les Questions de Zapata, Homélies prononcées à Londres*) ; vol. 63 A, 1767, I (*La Guerre civile de Genève, Anecdotes sur Bélisaire, Réponse au sieur Cogé, Préface de M. Abauzit, Essai sur les dissensions des Églises de Pologne, Le Dîner du comte de Boulainvilliers*) ; vol. 64, *La Défense de mon oncle* ; vol. 81-82, *Notebooks* ; vol. 85-135, *Correspondance*.

Romans et Contes, éd. de Frédéric Deloffre et Jacques Van den Heuvel, Paris, Gallimard, coll. « Bibliothèque de la Pléiade », 1979.

Mélanges, éd. de Jacques Van den Heuvel, Paris, Gallimard, coll. « Bibliothèque de la Pléiade », 1961.

Correspondance, t. I (1704-1738) ; t. II (1739-1748) ; t. III (1749-1753) ; t. IV (1754-1757) ; t. V (1758-1760) ; t. VI (1760-1762) ; t. VII (1763-1765) ; t. VIII (1765-1767) ; t. IX (1767-1769) ; t. X (1769-1772) ; t. XI (1772-1774) ; t. XII (1775-1777) ; t. XIII (1777-1778), Paris, Gallimard, coll. « Bibliothèque de la Pléiade », 1978-1993.

Correspondance choisie, Choix, présentation et notes de Jacqueline Hellegouarc'h, Paris, Le Livre de poche, Paris.

Théâtre du XVIIIe siècle, voir les t. I et II, Paris, Gallimard, coll. « Bibliothèque de la Pléiade ».

L'Affaire Calas et Autres Affaires, Paris, Gallimard, coll. « Folio », 1975.

Candide, STFM, 1957. – Paris, Hachette, coll. « Classiques », 1969. – Paris, Larousse, coll. « Nouveaux classiques », 1971. – Paris, Didier, coll. « Classiques de la civilisation française », 1972. - Éd. de Michel Charpentier, Paris, Nathan, coll. « Intertextes. Les œuvres », 1984. – Paris, Hatier, coll. « Le français universel » – Paris, Le Livre de poche, n° 657.

Candide, adaptation, Avant-scène, 1977.

Candide : conte philosophique, 1759, Paris, Hachette, coll. « Classiques », 1976.

Candide ou l'Optimisme, Paris, Nizet, 1959, Genève, Droz, 1968. – Éd. de G.R. Havens, Éd. Rev. HRW, 1969. – Éd. de René Pomeau, Paris, Nizet, 1980. – Hirshgraben-Verlag, 1984. – Paris, Bordas, 1985. – Texte apocryphe de 1760, Paris, Magnard, coll. « Textes et contextes », 1985.

Cher Voltaire : la correspondance de Mme du Deffand avec Voltaire, Éd. des Femmes, 1987.

Le Chien et le Cheval : une aventure de Zadig, Paris, Gallimard, coll. « Enfantimages », 1979.

Le Comte de Boursouffle, Cinq Diamants, 1984.

Contes en vers et en prose, éd. de S. Menant, Paris, Classiques Garnier, Bordas, 1992-1993.

Contes et Nouvelles, Michel de l'Ommeraie, 1974.

Les Contes de Voltaire, Arts et Couleurs, 1983.

Corpus des notes marginales, Berlin, Akademie-Verlag, et Oxford, The Voltaire Foundation, 1979, 4 vol. parus.

Correspondance, Paris, Larousse, coll. « Nouveaux classiques ».

Correspondance avec les Tronchin, Paris, Mercure de France, I 950.

La Défense de mon oncle, Genève, Slatkine reprints, 1978.

Dictionnaire philosophique, éd. de Raymond Naves, Paris, Garnier, 1935.– Éd. de René Pomeau, Paris, Flammarion, 1964

Essai sur les mœurs, Paris, Garnier, coll. « Les classiques Garnier », édition de R. Pomeau, 1964. Nouvelle édition, Bordas, 1990.

Essai sur les mœurs et l'Esprit des nations, Messidor-Éd. sociales, 1962.

Facéties, Paris, PUF, coll. « Bibliothèque internationale de musicologie », 1973.

Histoire de Charles XII, Paris, Flammarion, coll. « GF », 1968.

Histoire du docteur Akakia et du natif de Saint-Malo, Paris, Nizet, 1967.

Histoire de la guerre de 1741, Paris, Garnier, coll. « Les classiques Garnier », 1971.

L'Ingénu, Genève, Droz, 1957. - Éd. de Jean Varloot, Messidor-Éd. sociales, 1974.

L'Ingénu Micromégas, Paris, Bordas, coll. « Univers. des lettres », 1985.

Jeannot et Colin : l'Homme aux quarante écus, Paris, Larousse, coll. « Nouveaux classiques ».

Lettres, Paris, Didier, 1968.

Lettres d'Alsace, Paris, Gallimard, 1938.

Lettres inédites à son imprimeur Gabriel Cramer, Genève, Droz, 1952.

Lettres philosophiques, éd. de René Pomeau, Paris, Flammarion, coll. « GF », 1964. – Paris, STFM, 1964 (réimpr. de l'éd. G. Lanson, 1909, avec des notes complémentaires d'A.M. Rousseau). – Éd. de Frédéric Deloffre, Paris, Gallimard, coll. « Folio », 1986.

Mahomet ou le Fanatisme, Traité sur la tolérance. Temps singulier, 1979.

Mémoires pour servir à la vie de M. de Voltaire; Lettres à Frédéric II, éd. de Jacques Brenner, Paris, Mercure de France, coll. « Le temps retrouvé », 1985.

Micromégas, Ricci, coll. « Bibliothèque de Babel », 1979. – Paris, École des loisirs, 1987.

Micromégas, l'Ingénu, éd. de Guillaume Picot, Paris, Larousse, coll. « Nouveaux classiques ».

Micromégas, Zadig, Candide, éd. de René Pomeau, Paris, Flammarion, GF, 1994.

Œuvres inédites : Mélanges historiques, Paris, éd. E. Caussy, Paris, 1914; Kraus reprint, 1974.

Œuvres philosophiques, Paris, Larousse, coll. « Nouveaux classiques ».

Le Rire de Voltaire, textes réunis et présentés par Pascal Debailly, Jean-Jacques Robrieux, Jacques Van den Heuvel, Paris, éditions du Félin, 1994.

Romans et Contes, éd. de René Pomeau, Paris, Flammarion coll. « GF », 1966. - Paris, Gallimard, coll. « Folio », 1976. Paris, Garnier, coll. « Bibliothèque de prestige » 1977. Paris, Impr. nationale, 1978. – Paris, Garnier, 1983.

Le Siècle de Louis XIV : « Les Grands Rois de France », SEFER, 1984.

Le Sottisier, suivi de *Remarques sur « le Discours sur l'inégalité des hommes » et sur « le Contrat social » de Jean-Jacques Rousseau,* coll. « Les introuvables », 1981.

Le Taureau blanc, éd. de René Pomeau, Paris, Nizet, 1957.

Le Temple du goût, Genève, Droz, 1953.

Vingt Articles du « Dictionnaire philosophique portatif », Deutscher Taschenbuch, 1985.

Voltaire on Shakespeare, Oxford, The Voltaire Foundation, 1967.

Zadig, Paris, Didier, 1964. – Éd. de G. Ascoli, Paris, STFM, 1967. – Paris, Hachette, coll. « Nouveaux classiques », 1983. – Paris, Le Livre de poche, n° 658, 1984.

Zadig ou la Destinée, Genève, Droz, 1965.

Zadig; Memnon, Paris, Bordas, 1985.

Zadig; Le monde comme il va, Paris, Larousse, coll. « Nouveaux classiques ».

Zaïre, Paris, Larousse, coll. « Nouveaux classiques ».

Illustrations

Archives Seuil : 32, 68, 83, 132. Artephot / Nimatallah : 43. Artothek : 23.
Bibl. nat., Paris : 7, 12, 13, 14, 19, 22, 24, 26, 27, 28-29, 30, 39, 41, 45, 49, 54, 56, 59, 63, 104, 115, 118, 120, 121, 129, 207. Jean-Loup Charmet : 53, 98-99, 106, 137. G. Dagli Orti : 67, 114, 126, 143, 144, 168. Édimédia : 10, 40. Édimédia/ © Roger Guillemot / Connaissance des Arts : 9, 55. Édimédia, © Jacqueline Guillot / Connaissance des Arts : 11. Édimédia / Ph. D. Bey : 149. Giraudon : 4, 58, 79. Lauros/Giraudon : 105, 147, 151. B. Jacot-Descombes, Genève : 109. Hubert Josse : 18, 31, 50, 72-73, 87, 113, 133, 134, 136. François Martin, Genève : 8, 16, 33, 36, 38, 60, 61, 91, 100, 117, 153, 161, 173. Agence Novosti/ Ph. APN : 34, 35, 94. RMN, ph. Arnaudet : 80, 81. RMN : 103. Yves Siza, Genève : 180-181. Jean Vigne : 42.

TABLE

COLLECTION « ÉCRIVAINS DE TOUJOURS »
nouvelle série dirigée par
Jean-Luc Giribone

DÉJÀ PARUS

Hegel
Hugo
Joyce
Montaigne
Montesquieu
Pagnol
Platon
Rimbaud
Ronsard
Rousseau
Sade

À PARAITRE

Aristote
Stendhal
Les surréalistes
La tragédie

Maquette et réalisation PAO : Le Livre à Venir
Photogravure : Charente Photogravure, Angoulême
Achevé d'imprimer par Aubin Imprimeur
D. L. septembre 1994. N° 22841 (P46026)